LEGGERE

SENZA

OCCHIALI

A QUALSIASI ETA'

DI ESTHER JOY VAN DER WERF:

Disponibile come libro e in formato e-book:

Bates Method Nuggets, The Fundamentals of Natural Vision Improvement by William H. Bates, M.D. Una raccolta dei migliori scritti di Bates; consigli chiari e pratici che coprono tutti gli aspetti del suo metodo (in lingua inglese).

Disponibili in formato e-books:

Better Eyesight magazines: collezione completa e inedita, con guida alla ricerca, delle riviste mensili del dottor Bates, originariamente pubblicate da luglio 1919 a giugno 1930 (in lingua inglese).

The Bates Method View of – una serie di e-books sui vari difetti della vista (in lingua inglese):
- *The Bates Method View of Cataracts*
- *The Bates Method View of Conical Cornea*
- *The Bates Method View of Floaters*
- *The Bates Method View of Glaucoma*
- *The Bates Method View of Nystagmus*
- *The Bates Method View of Presbyopia*
- *The Bates Method View of Retinitis Pigmentosa*

Eye Education in Our Schools. Esempi dettagliati di come il Metodo Bates è stato utilizzato nelle scuole e i risultati che sono stati ottenuti (in lingua inglese).

Tutti disponibili sul sito www.visionsofjoy.org

LEGGERE

SENZA

OCCHIALI

A QUALSIASI ETA'

Il Modo Naturale Per Ottenere Una Vista Nitida Da Vicino

di Esther Joy van der Werf

Prefazione di Ray Gottlieb, O.D., Ph.D.

Pubblicato da Visions of Joy, Ojai, California

Leggere senza occhiali a qualsiasi età
Traduzione dall'originale:
Read Without Glasses at Any Age
Traduzione in lingua italiana di Giovannella Pattavina

Copyright© Luglio 2013, Marzo 2015, Gennaio 2018 di Esther Joy van der Werf

ISBN: 978-1-935894-18-6

Seconda edizione, Prima stampa

Design di copertina: Rick e Lisa Monzon. monzonart.blogspot.com
Illustrazioni nelle pp.1, 42, 44, 51, 62, 73, 92: Rick Monzon
Illustrazione a p.69: Leideke Steur, www.leidekesteur.nl
Illustrazione a p.8: Tatiana Swope con Esther Joy van der Werf
Altre illustrazioni: Esther Joy van der Werf

Pubblicato da Visions of Joy, Ojai, California. www.visionsofjoy.org

Avvertenze (o, se volete, un piccolo test per la vostra vista prima di leggere questo libro…)
Tutte le informazioni in questo libro e le opinioni al suo interno espresse sono interamente dell'autrice, e sono fornite a solo scopo didattico. Le informazioni e i prodotti qui citati non sono da intendersi come diagnosi o cura di qualunque malattia dell'occhio, né sono da considerarsi come prevenzione o come cura di qualsiasi malattia, sebbene possano esserlo. Pertanto, per favore, mettete in dubbio e verificate ogni cosa da voi stessi e seguite il vostro intuito. Io non sono un oftalmologo, né sono autorizzata a curare alcuna patologia degli occhi. Negli USA solo un dottore iscritto all'Albo può legalmente consigliare diagnosi e terapie. Io non do né dispenso "pareri medici". Consultate il sanitario di vostra fiducia per l'assistenza e per un consulto specialistico. Ovviamente l'uso dei prodotti e delle informazioni è a vostro rischio, tuttavia può anche darsi che il loro uso vi procuri beneficio. (Ecco la parte che i legali insistono che sia inclusa). I servizi di Educazione alla Visione Naturale che sono forniti da Esther van der Werf non sono autorizzati dallo Stato della California. Né Visions of Joy, né Esther van der Werf, né alcuna altra terza parte coinvolta nella creazione di questo libro sarà responsabile in nessun modo di qualsiasi danno incidentale, consequenziale o punitivo derivante dal vostro accesso a questo libro o dal suo uso.
Disclaimer, or: the fine print to test your vision on before you read this book. All the information in this book and the opinions expressed herein are entirely those of the author, and are provided for educational purposes only. The information and products mentioned here are not intended to diagnose or treat any eye disease, nor are they intended to prevent or help cure any eye disease, although they may. Please question and verify everything for yourself and follow your own intuition. I am not an eye physician, nor am I licensed to treat any conditions of the eye. In the United States of America only a licensed medical doctor can legally offer medical advice. I am not offering or dispensing "medical advice." Please consult the healer of your choice for medical care and advice. Obviously the use of the products and information is at your own risk, but their use may be to your benefit as well. (Here is the part lawyers insist I include.) The Natural Vision Education services that are provided by Esther van der Werf are not licensed by the State of California. Neither Visions of Joy, Esther van der Werf, nor any third party involved in the creation of this book will be liable under any theory for any incidental, consequential, or punitive damages arising out of your access to, or use of, this book.

Dedico questo libro a mia nipote

Ingeborg van Vlimmeren

7 maggio 1987–4 marzo 2009

Con profonda gratitudine
per l'Amore e la Luce
che ha irradiato.

Contenuti

Ringraziamenti	i
Prefazione alla traduzione in lingua italiana	iii
Prefazione	v
Introduzione alla traduzione in lingua italiana	ix
Introduzione	xi
Come usare questo libro	xv
Le vostre braccia sono diventate troppo corte?	1
Passo 1. Ed ecco la vista offuscata!	17
Passo 2. E ora un buon riposo	31
Passo 3. Iniziate da via Facile	49
Passo 4. Riscaldiamoci per la visione da vicino	57
Passo 5. Entrate nello Swing (Oscillazione)	65
Passo 6. Più piccolo è meglio	73
Passo 7. Benedetti Aloni!	81
Passo 8. Fatevi guidare dalla linea luminosa	89
Passo 9. Amate i caratteri minuscoli	99
Passo 10. Leggere le avvertenze a lume di candela	105
Gettate via gli occhiali da lettura!	115
Storie per trovare l'ispirazione	121
Risorse	135
Note	137
Tabelle di pratica	141
Glossario	159
Bibliografia	161
Indice analitico	165
Biografia dell'Autrice	169

Ringraziamenti

[12] L'incredibile lavoro compiuto da William H. Bates, M.D. e da sua moglie Emily (Lierman) Bates è alla base di questo libro. Il dottor Bates è stato il pioniere che ha scoperto metodi efficaci per migliorare la vista in modo naturale, ed Emily aiutò i pazienti ad applicare con successo le conoscenze del marito. Sono molto grata al dottor Bates e a Emily per aver pubblicato molto della loro ricerca e dei casi clinici: in questo modo la loro conoscenza è rimasta a disposizione e continua a essere utile alla gente di tutto il mondo.

Sono profondamente riconoscente agli insegnanti del Metodo Bates che hanno portato avanti il lavoro di Bates dopo la sua morte. Ho avuto la fortuna di aver incontrato dozzine di colleghi ai Congressi di Visione Olistica e considero molti di loro miei amici. Le loro intuizioni per migliorare in modo naturale la vista mi hanno aiutato nella mia formazione di insegnante.

Ray Gottlieb, O.D., Ph.D., ha ampliato il mio campo d'azione sulla presbiopia al di là del lavoro del dottor Bates; mi ha insegnato Syntonics (fototerapia optometrica), cioè gli effetti della terapia di luce colorata sulla vista. È una vera fortuna conoscere Ray. Gli sono riconoscente per la sua amicizia e per il suo entusiasmo per questo libro. Mi sento così onorata che egli abbia accettato la mia richiesta di scrivere la prefazione!

Sono inoltre molto grata alle molte persone che sono venute da me cercando aiuto per la loro presbiopia, specialmente a chi ha lavorato con la prima versione di questo libro, molto più ridotta, e le cui domande mi hanno aiutato a sviluppare l'edizione definitiva. Anch'essi sono stati per me degli insegnanti, li ringrazio tutti.

Sinceri ringraziamenti vanno ai miei tre editori che sono anche grandi amiche: Sydney Sims, Ph.D., Lisa Harvey, O.D. e Moira Blaisdell. Queste straordinarie donne hanno corretto i miei errori ortografici, grammaticali e di punteggiatura. Ho inoltre ricevuto da Lisa un prezioso riscontro che ha migliorato il contenuto di questo libro.

Meritano speciale riconoscimento tre amici: Charan van Tijn, Malcolm McKeand e Bonnie Cornu. Nella fase iniziale del libro le ottime domande di Charan hanno accresciuto in me la chiarezza delle varie sezioni, mentre nella fase finale l'ascolto di

Malcolm mi ha aiutato dopo alcuni intoppi frustranti. Bonnie mi ha incoraggiato sin da quando ci siamo conosciute ed è la mia "migliorissima" amica da più di un decennio. Non ci sono parole sufficienti per esprimere la mia gratitudine per l'amore, la cura e il sostegno di queste meravigliose persone nella mia vita.

Sono felice che Rick e Lisa Monzon abbiano curato il design della copertina e la maggior parte delle illustrazioni, cosicché questo libro potesse andare in stampa in versione professionale!

Ultimo ma non certo da meno, il mio grazie di cuore ai miei affettuosi genitori, alla mia cara sorella e a tutta la mia famiglia estesa, il cui amore e sostegno arricchiscono la mia vita enormemente. Sono così felice di fare questo viaggio sulla terra con voi! Ik hou van jullie. (trad. dall'olandese: "Vi amo") ♥

Prefazione alla traduzione in lingua italiana

[12] A tre anni dalla pubblicazione è nata l'occasione di rivedere la traduzione di *Read without glasses*. Così il testo attuale appare pregevole nella lettura e fedele al Metodo Bates nell'esposizione dei concetti.

"Leggere senza occhiali a qualsiasi età" è un libro dedicato a chi soffre di presbiopia; e chi possiede una buona vista può trarne beneficio perché le pratiche descritte permettono di conservarla intatta a tutte le età.

 "Leggere senza occhiali a qualsiasi età" è inoltre un manuale di formazione per gli educatori di visione naturale che desiderano approfondire il tema e per i body workers che intendono ampliare il lavoro corporeo includendo l'uso della percezione visiva.

Ringrazio Esther per le lezioni private , con le quali ho recuperato la vista e rinnovato la patente senza più obbligo delle lenti, per l'amicizia e la collaborazione; Visions of Joy per avermi accordato il permesso di tradurre il testo dall'inglese; Maria Stella Marini, educatrice visiva del Metodo Bates riconosciuta AIEV (Associazione Italiana per l'Educazione Visiva), per la pregevole competenza nella correzione del testo in lingua italiana; la mia cara amica Anna Moron per le attente correzioni, le notti passate a discutere e per la tenacia sulla rilettura del testo affinché divenisse scorrevole e semplice. Ringrazio infine Francesco Giacobelli, professore di Letteratura inglese all'Università di Padova che ha generosamente offerto le sue competenze per la recente revisione del testo in lingua italiana a confronto con il testo in lingua inglese e della bibliografia.

dott.ssa Giovannella Pattavina
Medico Chirurgo, Specialista in Medicina Fisica e Riabilitazione
Agopuntore, Manipolazione Viscerale
Esperta di nutrizione e di allattamento al seno
Certified Rolfer[TM]

Prefazione

[12] La presbiopia o vista di mezza età è la perdita della messa a fuoco della vista al punto prossimo[1], che costringe miliardi di persone a usare lenti da vista da vicino circa dopo i quarant'anni. Secondo la visione convenzionale, l'inevitabilità della presbiopia è una conseguenza indiscussa dell'età che affligge il 100% della popolazione dai cinquant'anni in su. L'affermazione che la presbiopia possa regredire, essere posticipata o prevenuta grazie ad esercizi oculari è oggetto di scherno da parte degli oculisti, e i fautori sono attaccati come professionisti irresponsabili. Io non sono d'accordo. L'allenamento della vista può posticipare o far regredire la presbiopia, e un numero crescente di esperti dell'occhio inizia a essere d'accordo con me.

La visione convenzionale della presbiopia non è un fatto inoppugnabile. Piuttosto essa è una teoria, e le teorie sono essenzialmente delle supposizioni che sono soggette a cambiamento quando si scoprono nuovi fatti. William H. Bates, M.D., il padre dei metodi naturali per migliorare la vista, affermò quanto segue nella prefazione del suo libro del 1920 *Perfect Sight Without Glasses*:

> "Nella scienza dell'oftalmologia le teorie, spesso affermate come fatti, sono servite a oscurare la verità e a soffocare l'indagine per più di cento anni. Le spiegazioni dei fenomeni della vista… hanno fatto sì che noi ignorassimo o liquidassimo una moltitudine di fatti che altrimenti ci avrebbero condotto alla scoperta della verità circa gli errori di rifrazione…".

Il dottor Bates suggerì un modello alternativo composto di principi e pratiche per invertire piuttosto che neutralizzare (con gli occhiali) una varietà di condizioni dell'occhio. Secondo me il suo scritto più interessante è la sua esperienza personale per eliminare la presbiopia da cui era affetto.

Ho "curato" la mia lieve (-1.25 D) miopia nel 1972 usando gli esercizi di Bates e la terapia corporea. Mi ci sono voluti sei mesi per imparare a rendere nitida volontariamente la mia vista da lontano e un altro anno per riuscire a farlo velocemente e automaticamente, così da non essere più miope. Non solo potevo vedere più di 20/20 (6m./6m.) da ciascun occhio ma test oggettivi dimostravano che i miei occhi erano normali (non richiedevano alcuna lente). Nel 1976 ho inventato un nuovo approccio per ridurre la presbiopia di un paziente di cinquantadue anni. Tale approccio ha funzionato e non solo ha invertito[2] la sua presbiopia, ma addirittura ha eliminato la sua ipermetropia. L'ho usato per anni con i miei pazienti e nel 2005 è stato prodotto un DVD intitolato *The Read Without Glasses Method*. Queste due pratiche mi hanno donato la libertà dagli occhiali e una vista nitida sia da vicino sia da lontano per più di trent'anni.

La presbiopia è il primo ovvio segno dell'età. Essa costringe a confrontarci con l'inevitabile, che cioè abbiamo superato il nostro apice e che stiamo iniziando a scivolare verso l'età della vecchiaia. Non vogliamo vedere questa cosa e non vogliamo neppure che altri la vedano. Molte persone sembrano odiare le lenti bifocali e risentite per il disagio provocato dagli occhiali da lettura, specialmente chi non ne ha mai avuto bisogno prima della presbiopia. Ciò porta ad approcci alternativi come le lenti a contatto "monovisione" (dove un occhio usa la lente per vedere da vicino e l'altro usa la lente per vedere da lontano). Gli occhiali, bifocali senza montatura e poi quelli multifocali o progressivi, e le stesse lenti a contatto sono stati inventati per nascondere la presbiopia.

È già disponibile un numero crescente di nuovi trattamenti per la presbiopia. Perché adesso? Coloro che hanno provocato il boom demografico della presbiopia sono molto interessati agli approcci naturali e anti-età della medicina: stanno cercando delle alternative, e, quando i dirigenti delle società per azioni che cercano nuovi profitti avranno realizzato il potenziale dei trattamenti per la presbiopia, la gara avrà inizio.

Nell'ultimo decennio sono emersi diversi approcci chirurgici audaci: cheratoplastica per monovisione (rimodellamento della cornea usando la chirurgia laser o microonde), IntraCor (un metodo di inserimento di bolle nella cornea), cambio della lente rifrattiva (rimozione della lente naturale dell'occhio con inserimento di lenti artificiali specialistiche variabili, eseguendo la chirurgia per cataratta su pazienti che non hanno la cataratta), chirurgia laser sulla cornea per riscolpire la cornea come una lente multifocale e chirurgia per inserire o attaccare piccole lenti all'interno o sulla superficie della cornea.

D'altra parte per la riduzione della presbiopia sono in fase di sviluppo due approcci terapeutici non invasivi eseguiti attraverso l'utilizzo di fasci di luce. La terapia a luce rossa trans-sclerale fa brillare fasci laser infrarossi sulla parte bianca dell'occhio e

Aculight applica fasci sottili di luce colorata attorno all'occhio chiuso e su altri punti della testa e del corpo.

Gli approcci di auto-salute come yoga, jogging, dieta e lo spazzolamento dei denti non danno risultati immediati: essi funzionano solo quando sono fatti regolarmente e per un tempo prolungato. Lo stesso vale anche per le pratiche per la riduzione della presbiopia. Tempo e attenzione sono il prezzo da pagare. Quanto tempo ogni giorno… questo dipende da voi, da quanto siete sani e in forma, se il vostro corpo impara e si adatta facilmente e dalla fase del processo in cui siete.
Nella fase iniziale imparerete come far pratica senza sforzo. È molto importante ridurre al minimo la fatica, la frustrazione e l'ansia, aumentando al massimo la motivazione. Se le vostre aspettative iniziali sono troppo alte e il vostro lavoro troppo duro, perderete la motivazione e smetterete la pratica. Un insegnante aiuta molto in questa fase.

Ci vuole tempo per imparare nuove abilità, specialmente se nutrite molti dubbi sulla vostra capacità di apprendere o se siete preoccupati di verificare se questa tecnica può veramente ridurre la presbiopia. In questo caso avete bisogno di rallentare il vostro processo, di sostituire la curiosità alle vostre aspettative e di far pratica ogni giorno per un breve tempo e forse neanche tutti i giorni. Se perseverate su questa strada, raggiungerete la comprensione, la competenza e la fiducia, e vi ritroverete nella fase successiva dove si gode della pratica e si è molto motivati a dedicarle molto tempo in modo intenso. Vorrete praticare tutto il giorno, ogni giorno se ne aveste tempo, perché vi fa stare bene e sani. Il risultato è che il processo diventa automatico e voi raggiungete l'obiettivo: la vostra presbiopia non è più un problema. Nella fase finale lavorerete il giusto che serve per mantenere i risultati, di più se siete malati o stressati e meno se siete in forma.

Nella mia vita, ho fatto mie le pratiche di Bates qui descritte. Io le faccio ogni giorno, inconsciamente, anche quando sono molto concentrato a superare una situazione difficile o affronto un compito complesso. Così queste pratiche portano via pochissimo tempo nella mia giornata. Non faccio gli esercizi per la presbiopia ogni giorno, li faccio quando ne sento il bisogno: anche adesso a settant'anni posso stare per settimane o mesi senza sintomi di presbiopia e non ho bisogno di far pratica. Altre volte sento lo sforzo di leggere i caratteri piccoli e per diversi giorni faccio esercizi frequenti.

Mi fa piacere che Esther Joy van der Werf abbia scritto ora *Leggere senza occhiali a qualsiasi età*. La sua pubblicazione apporta uno sguardo fresco al lavoro di Bates nel momento in cui ce n'è veramente bisogno. Il suo libro va dritto al punto. È scevro da orpelli, fedele all'approccio di Bates includendo un'abbondanza di suoi scritti originali a carattere autobiografico e riguardanti l'esperienza fatta dai suoi pazienti che imparano a leggere i caratteri piccoli senza ausili artificiali. L'agile libro di Esther richiede solo poche ore di lettura, ma il successo viene imparando, vivendo il processo finché esso diventa parte di voi, ogni giorno per il resto della vostra vita.

Ray Gottlieb, O.D., Ph.D.
Luglio 2013

Introduzione alla traduzione in lingua italiana

[12] Quando ho ricevuto per la prima volta un'e-mail da Giovannella Pattavina nel mese di maggio 2013 non sapevo affatto della meravigliosa amicizia che si sarebbe instaurata tra di noi. Mi scrisse che la lettura del mio sito l'aveva già aiutata a recuperare la vista, e che voleva ricevere delle lezioni per migliorarla ulteriormente. Così scelse di fare il corso via e-mail, e nei mesi successivi la guidai attraverso le pratiche di rilassamento del Metodo Bates con delle lezioni scritte. Per prima cosa le fui grata per avermi permesso di accorciare il suo lungo nome, chiamandola Gio. A Gio sono piaciute moltissimo le lezioni, mi scriveva regolarmente durante il corso e ha continuato a vedere con sempre maggiore nitidezza senza mai più ricorrere agli occhiali.

A ottobre 2013 sono venuta in Italia in qualità di relatrice al XXIV Congresso Internazionale di Visione Olistica. Gio e suo marito mi hanno invitato a trascorrere alcuni giorni a casa loro prima della conferenza. È nato velocemente un legame con questa deliziosa famiglia italiana. *Read Without Glasses at Any Age* era stato pubblicato appena qualche mese prima e Gio mi disse che le sarebbe piaciuto molto tradurlo. Con il suo secondo figlio di appena un mese di vita mi sono chiesta come avrebbe potuto avere il tempo e le energie per affrontare un progetto di quella portata, ma sembrò risoluta e cominciò a lavorare immediatamente. Oggi, a quasi un anno da allora, questo grande lavoro è terminato, grazie al suo entusiasmo e alla sua incredibile determinazione!

Sono ritornata recentemente in Italia e ho visto giungere alle battute finali il suo lavoro su questo libro che ora tenete in mano. Grazie al profondo amore di Gio per il Metodo Bates, ai consigli e all'aiuto nella revisione della sua amica Anna Moron e al contributo aggiuntivo della mia collega Maria Stella Marini, la prima traduzione del mio libro è diventata realtà. In tutto questo viaggio Gio da studente è diventata una dei miei migliori amici! Mi auguro che la nostra amicizia e collaborazione durino a lungo negli anni. Con profonda gratitudine, carissima Gio; I love you! ♥

Esther Joy van der Werf
Ojai, California, Ottobre 2014

Introduzione

[20] Ricordate quando riuscivate a leggere facilmente caratteri di qualsiasi dimensione? Può essere accaduto di recente o tanto tempo fa. Prima di allora non avete mai più pensato ai vostri occhi mentre leggevate, adesso qualsiasi cosa vicina al vostro naso appare sfocata e automaticamente pigliate gli occhiali da lettura non appena il testo rimpicciolisce.

Come vi sentireste se la vostra capacità di vedere limpidamente ritornasse e se gli occhiali non fossero più necessari? Quanto sollievo sentireste se non aveste più bisogno di dover ricordare dove sono quei dannati occhiali?

Immaginate di leggere facilmente il menù al ristorante, a lume di candela, e di sorprendere i vostri amici facendolo con i vostri occhi sani, liberi dalle grucce.

O immaginate di non dover più scrutare al di sopra degli occhiali per vedere le persone. Non sarebbe bello?!
Se questi pensieri vi attirano, questo libro fa per voi!

Che siate dei quarantaseienni piuttosto che degli ottantaseienni, o anche se avete solo sei anni e state appena imparando a leggere, questo libro può essere uno strumento prezioso per superare le sfide della lettura.

I metodi qui descritti sono semplici, facili da imparare e da applicare. Richiedono un po' di tempo e di perseveranza, ma le ricompense sono enormi: ritorno alla visione naturale nitida, occhi più sani e una lettura facile, senza occhiali.

Sebbene questo testo sia accurato e piuttosto specifico su parti del metodo Bates, esso non fornisce una completa visione del metodo stesso. In

Bates Method Nuggets, ho già trattato questo argomento. Il mio scopo qui è quello di offrire gli strumenti più efficaci per leggere senza occhiali. Nessun fronzolo o esercizi elaborati, nessun bagaglio in eccedenza. Avrete esattamente le cose di cui avete bisogno per passare dalla lettura con occhiali a quella senza occhiali.

Io credo che l'opzione di migliorare la vista senza occhiali dovrebbe essere ampiamente conosciuta e disponibile. Per un aiuto individuale e una guida sull'uso del metodo Bates allo scopo di migliorare la vista, contattate l'insegnante a voi più vicino[3].

Vi auguro il meglio nel percorso verso la visione nitida!

     Amore e Luce,

    Esther Joy van der Werf
    Ojai, California, Luglio 2013

Come usare questo libro

[25] **Siete invitati a…**
I caratteri grandi dei primi capitoli di questo libro sono un invito rivolto a togliervi gli occhiali e a cominciare a leggere senza di essi. Potreste essere piacevolmente sorpresi di come gli occhi si adattino alla dimensione del carattere che gradualmente rimpicciolisce; se all'inizio sembra ancora troppo impegnativo, nelle pp. 23, 24, 25, 26 troverete suggerimenti su come superare questo ostacolo visivo.

[24] Le pagine seguenti serviranno da guida attraverso un percorso di dieci Passi per leggere senza occhiali. Ogni Passo vi

aiuterà a capire una parte del Metodo Bates e fornirà delle indicazioni per applicarlo nella lettura a un livello adatto alla vostra capacità corrente. Per questa ragione raccomando moltissimo di eseguirli nell'ordine in cui sono presentati.

[23] Concedetevi tutto il tempo necessario per familiarizzare con ciascuno di essi: un'ora, un giorno o di più. Chi non ha ancora usato gli occhiali da lettura può passare da un Passo all'altro più velocemente rispetto a chi li ha usati per anni. Se appartenete alla seconda categoria, fare uno o due Passi alla settimana è probabilmente molto meglio di due Passi al giorno. Alcuni Passi daranno risultati veloci, mentre altri richiederanno del tempo prima di vedere i benefici.

[22] Ognuno ha le proprie esigenze, prendete coscienza delle vostre e seguite i Passi più utili per voi. Se raggiungete un livello stabile senza ulteriori miglioramenti, tornate indietro ai Passi precedenti: potrete scoprire che la comprensione di questi cambia e che, per un buon uso, potete inserirli in una fase successiva.

[21] **Visione differente in ciascun occhio?** Certe persone vedono con un occhio meglio che con l'altro. Se è questo il vostro caso, troverete a pp. 61 e 62 dei consigli specifici relativi al Passo 4 per aiutare a equilibrare gli occhi.

[20] **NOTE:**

- I numeri nelle parentesi quadre [20] indicano la dimensione del carattere del(-i) paragrafo(-i) che li segue(-ono).
- I numeri in apice[21] si riferiscono alle note che trovate alla fine del libro.

Le vostre braccia sono diventate troppo corte?

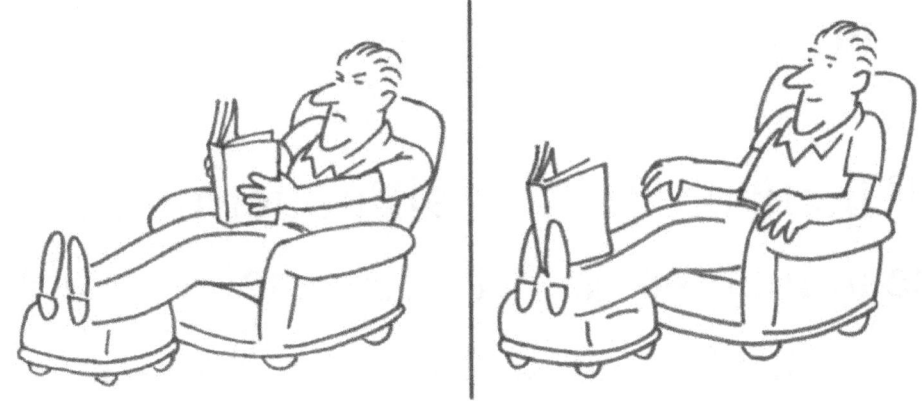

[25] Leggere è di solito la più grande sfida per le persone presbiti. Potete sentire che le braccia stanno diventando troppo corte, così da dover mettere il giornale ancora più lontano per vederlo chiaramente o avete bisogno di una buona luce e di caratteri più grandi per leggere senza occhiali.

Potete ritrovarvi a strizzare gli occhi molto di più per leggere, e la lettura, per breve o prolungata che sia, probabilmente vi fa venire sonno.

[24] Inclinare la testa all'indietro vi fa forse aumentare la nitidezza nella visione da vicino, ma sforza il collo. Oppure l'unico problema è che i vostri occhi sono lenti nella messa a fuoco quando si spostano dalla visione da lontano a quella da vicino o viceversa (Kasthurirangan and Glasser 2006). Se lasciate correre senza prestare attenzione a questi sintomi, è probabile che presto comprerete i primi occhiali da lettura.

È probabile che già possediate qualche paio di occhiali da lettura e che la vostra memoria di visione nitida, a cui eravate abituati a godere, sia svanita. Che cos'è successo? Come fanno gli occhi a mettere a fuoco e perché potrebbero non riuscirci più? Queste sono domande legittime per le quali gli scienziati non hanno ancora una chiara risposta. Vi darò un breve quadro d'insieme della mia comprensione delle teorie attuali. La capacità dell'occhio di mettere a fuoco a diverse distanze, anche detta processo di accomodazione, è un riflesso (Marg 1951) con una varietà di componenti. Essa comincia con uno spostamento mentale dell'attenzione, per esempio da un oggetto distante ad uno vicino. Ciò che segue quello spostamento mentale verso un oggetto più vicino si crede generalmente che accada nel seguente modo:

[23] Gli occhi convergono (entrambi gli occhi girano verso il naso per puntare un oggetto più vicino); i coni (le cellule della retina, recettrici della luce, dette anche "fotorecettori", che hanno la capacità di vedere nitidamente) registrano sfocato e scatenano un bisogno di ri-focalizzare (Charman 2008); le pupille si restringono (miosi: una riduzione del diametro delle pupille, che è più comune negli adulti); il corpo ciliare di ciascun occhio si muove leggermente in avanti quando il muscolo ciliare si tende, e ciò riduce la tensione sulle zonule che mantengono il cristallino al suo posto; tutto ciò a sua volta permette al cristallino di diventare più rotondo cosicché l'immagine dell'oggetto vicino viene

focalizzata sulla retina nella parte posteriore del globo oculare.

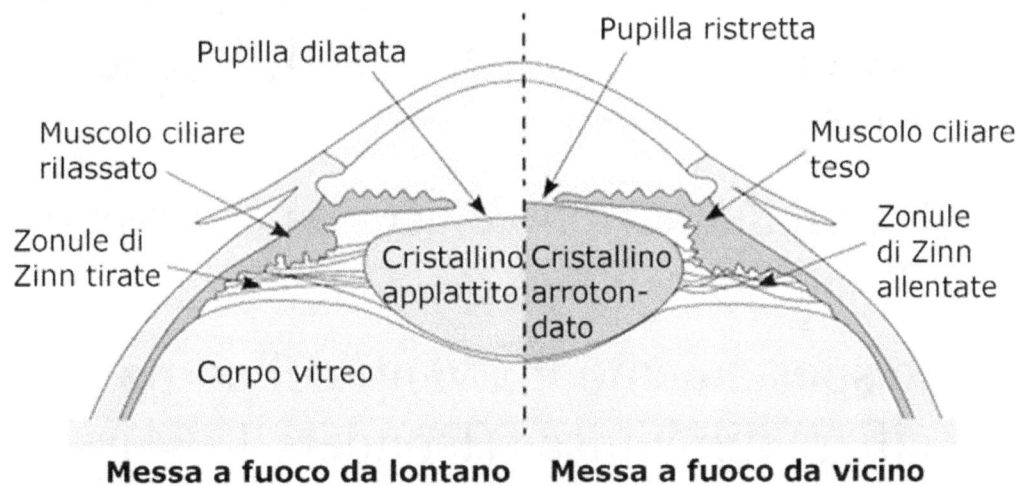

Un'interferenza in qualunque parte di questo processo può causare una visione sfocata al punto prossimo.

Vari elementi possono contribuire ad impedire la messa a fuoco a distanza ravvicinata:

- il cristallino con l'età cresce e si indurisce (Kasthurirangan e Glasser 2006; Strenk et al. 1999; Miranda 1979);

- il muscolo ciliare può atrofizzarsi o diventare cronicamente teso (Strenk et al. 1999; Eskridge 1984 ; Stieve 1945; Weale 1982; Donders 1864; Duane 1925);

- le zonule perdono elasticità (Farnsworth e Shyne 1979);

- lo spostamento in avanti del corpo ciliare diminuisce (Donders 1864);

- la pupilla non si contrae sufficientemente.

Fino a che punto ciascuno di questi fattori sia coinvolto nella capacità di messa a fuoco a diverse distanze, rimane oggetto di discussione. Oltre alle suddette possibili cause concomitanti, l'influenza del riposo contro lo stress, una dieta sana o con cibo spazzatura, una buona forma fisica generale o la sua mancanza e la quantità di tempo trascorsa con gli occhiali, sono generalmente fattori lasciati fuori dell'equazione.

Presbiopia è una parola latina di origine greca che letteralmente significa "occhi d'anziano". È il nome dato alla ridotta capacità degli occhi di mettere a fuoco al punto prossimo quando si diventa vecchi.

Il grafico nella pagina successiva mostra la correlazione tra il vostro potere di messa a fuoco (raggio d'azione accomodativo degli occhi, misurato in diottrie) e la distanza in centimetri dagli occhi oltre la quale si vede nitidamente. Noterete che, mentre l'ampiezza cala, il punto prossimo di visione nitida si allontana.

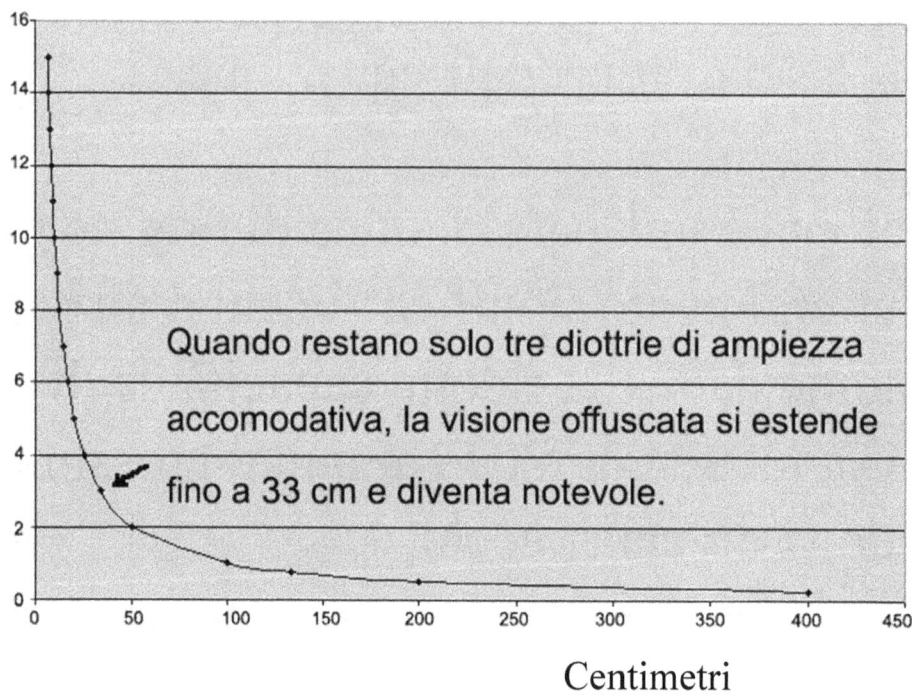

[22] Il ventaglio di ampiezza accomodativa tende a ridursi gradualmente nell'arco di molti anni. Di solito questo fatto passa inosservato nei primi stadi, specialmente se non c'è bisogno di vedere nulla entro 10-12,5 cm dagli occhi. La perdita della vista diventa più evidente quando l'ampiezza si riduce ulteriormente; la diminuzione da otto a quattro diottrie ha come

risultato una visione offuscata per i caratteri piccoli da 13 cm fino a 25 cm dagli occhi. La presbiopia è generalmente considerata sintomatica quando l'ampiezza accomodativa residua è al di sotto delle tre diottrie ed il testo di lettura deve essere tenuto oltre 33 cm per essere visto chiaramente (Charman 2008; Weale 1989).
È quando l'ampiezza accomodativa scende sotto le due diottrie che noterete come le braccia vi sono definitivamente diventate troppo corte…

[21] Molta ricerca è stata fatta per trovare la causa della presbiopia ma, per la complessa e delicata natura dell'occhio, è difficile tracciare un'esatta fotografia di come funziona il processo di messa a fuoco e perché potrebbe non funzionare. I sottili cambiamenti di un bersaglio mobile e vivo con molte variabili sono difficili da

registrare accuratamente. Perciò le opinioni fra gli scienziati sono varie ed esistono contraddizioni fra le loro conclusioni (Kasthurirangan e Glasser 2006; Strenk 1999; Weale 1989; Atchinson 1995; Pierscionek 1993).

Diversi studi affermano che la presbiopia è inevitabile e non può essere fermata o prevenuta (Kasthurirangan e Glasser 2006; Strenk 1999; Pierscionek 1993): Kasthurirangan e Glasser (2006) sostengono che interessa il 100% della popolazione sopra i cinquant'anni di età. Invece Burke (2006) con il suo studio eseguito in Tanzania, che includeva novecento persone sopra i cinquant'anni, mostra una prevalenza del 70% e fa un'interessante scoperta: la prevalenza di presbiopia nelle persone che vivono nei villaggi con uno stile di vita prevalentemente all'aperto (pastori ed agricoltori) è ridotta di un terzo rispetto a quella della popolazione che vive in città (piccoli negozianti). Questa significativa differenza sembra contrapporsi all'affermazione circa il fatto che le radiazioni solari favoriscano la presbiopia (Miranda 1979).

[20] Una concausa spesso citata è che il cristallino continua a crescere con l'età: nuove cellule si aggiungono costantemente sugli strati esterni, mentre le vecchie cellule al suo centro restano al loro posto. Una teoria della presbiopia afferma che queste cellule più vecchie vengono compresse nel nucleo centrale del cristallino, provocandone un indurimento che riduce sempre più la capacità del cristallino stesso di cambiare forma per consentire la messa a fuoco al punto prossimo.

A causa di questo processo di accrescimento ed indurimento del cristallino con l'avanzare dell'età, vi può essere stato detto che non c'è nulla da fare per prevenire la comparsa della presbiopia e che gli occhiali da lettura saranno indispensabili nella vostra vita dai quarant'anni in su. Strano a dirsi, ma il presunto indurimento del cristallino non accade a tutti.

W. H. Bates, M.D.

A William H. Bates, un chirurgo oculista di New York, fu detto all'età di cinquant'anni che i suoi cristallini erano "duri come pietre" e che nessuno avrebbe potuto fare qualcosa per lui.

Egli non credette a questa teoria dell'indurimento del cristallino, e si impegnò a dimostrare che avrebbe potuto riguadagnare la propria vista da vicino. Gli ci vollero circa sei mesi per essere capace nuovamente di leggere un giornale senza occhiali e un anno per tornare a mettere a fuoco a circa dieci centimetri dagli occhi; ma disse che dopo aver curato se stesso, non ci sarebbe mai più voluto così tanto tempo per curare qualsiasi altra persona (Bates 1920 a).

Spesso sento dire dalle persone che, non appena iniziano ad usare gli occhiali da lettura o le lenti bifocali, la loro visione da vicino peggiora rapidamente. Anche i testi che prima erano ancora capaci di leggere senza occhiali, diventano sfocati, e la loro dipendenza dagli occhiali risulta aumentata.

La ricerca infatti conferma che l'uso per la prima volta di lenti da lettura causa un peggioramento della messa a fuoco da vicino (Vedamurthy et al. 2009). Ovviamente questa non è la strada che voi volete intraprendere o sulla quale volete continuare. Ma che cosa si può fare per evitare lo sdrucciolevole pendio del peggioramento della vista mentre invecchiate?

Fortunatamente Bates ha sviluppato un metodo facile per mantenere o recuperare la visione da vicino. Nonostante l'età e l'uso di lenti da vista, non è necessario perdere la capacità di leggere i caratteri minuscoli.

[19] Nella società moderna le parole scritte ci sono utili in molti modi. Dall'età di sei o sette anni, quando

impariamo a leggere per la prima volta, per poi passare ai testi scolastici, ai romanzi, ai giornali e alle innumerevoli altre forme di pagina stampata, fino all'infinita informazione che ci proviene dagli schermi elettronici, la lettura continua a formarci, ad intrattenerci e ad ispirarci. Nessuna meraviglia se ci spiace quando gli occhi non vogliono più mettere a fuoco.

Vorremmo strizzarli, sforzarli o usare gli occhiali, invece che rinunciare alla lettura! La cattiva notizia è che strizzare gli occhi, sforzarli o mettere gli occhiali causano un progressivo peggioramento della vista. La buona notizia è che possiamo usare qualsiasi occasione di lettura come un'opportunità per migliorare in modo naturale la visione da vicino.

[18] Se la vostra visione sfocata è così avanzata che per il momento avete bisogno di occhiali da lettura di 3.00 diottrie o più, o se avete appena cominciato a fare esperienza di visione sfocata da vicino, la lettura può aiutarvi a ridurre la visione sfocata, se sapete come usarla bene.

> **Leggere è per la mente quello che per il corpo è l'esercizio. Con l'esercizio la salute è conservata, irrobustita e tonificata, con la lettura la vista, l'immaginazione e l'efficienza mentale sono grandemente migliorate.**
> (Bates 1926b)

Ormai vi è chiaro: la visione sfocata ha poco o niente a che fare con l'accorciamento delle braccia… Allora cos'è che realmente causa l'incapacità di mettere a fuoco da vicino? Il prossimo capitolo esplora proprio questo argomento con voi e vi prepara per lo scopo principale di questo libro: superare ancora una volta il bisogno delle grucce, cioè degli occhiali da lettura.

Le vostre braccia sono diventate troppo corte?

Passo 1. Ed ecco la vista offuscata!

[17] Adesso che volete migliorare la vista da vicino, vale veramente la pena esplorare le cose che fate e che tendono a produrre visione offuscata. Prendere coscienza delle proprie abitudini negative è molto utile quando volete cambiare.

Bates capì che la tensione, sia fisica che mentale, influenza gli occhi, e che entrambe sono interconnesse fra loro. Facciamo un esempio di questo legame: guardare qualcosa di spiacevole può farvi tirare in su il naso, corrugare la fronte e socchiudere le palpebre. Allontanate lo sguardo da questo oggetto e la tensione fisica si ridurrà, ma è probabile che non andrà via completamente, finché non smetterete di pensare a ciò che avete visto.

[16] Potete non essere consapevoli e consci di come sforzate gli occhi mentalmente o fisicamente, così vi farò un po' di esempi. Riuscite a riconoscere qualcuna delle seguenti cause di tensione?

- **Fare uno sforzo per vederci meglio**. Qualsiasi sforzo fatto per vedere meglio nel tempo provoca una visione offuscata. Provate tutte le seguenti forme di sforzo visivo per verificare se queste vi migliorano o peggiorano la visione.

    - **Strizzare** gli occhi o cercare fisicamente in tutti i modi di mettere a fuoco. Strizzando o socchiudendo le palpebre noterete un aumento della nitidezza. Potete pensare che fare così sia "la soluzione", perché vi permette di leggere senza occhiali. Ma lo sforzo richiesto non può essere sostenuto a lungo, e quando smettete di strizzare, il testo spesso appare ancora più sfocato di prima. Strizzare gli occhi perciò non è una soluzione a lungo termine. E poi, guardatevi allo specchio con gli occhi strizzati: volete andare in giro con quella faccia? Sembrate attraenti?

- **Fissare**: guardare un dettaglio per qualche tempo cercando di vederlo meglio. Tenete gli occhi fermi, non muoveteli, non sbattete le palpebre (si intende "sbattere le palpebre" come sinonimo del termine fisiologico "ammiccamento"[4], in inglese *blinking* - n.d.t.). Tipicamente lo sforzo per fare questo peggiora la vista in pochi secondi.

- **Tentare di vedere contemporaneamente in maniera nitida più di un solo dettaglio**. La struttura anatomica degli occhi rende ciò fisicamente impossibile. Si può vedere nitidamente solo un dettaglio alla volta.

- **Verificare**: usare la stampa a caratteri piccoli come test di verifica per la vostra vista a mo' di prova "o la và o la spacca". Quando usate i caratteri piccoli o le tabelle di controllo per questo scopo, si verificano errori di lettura altrimenti evitabili.

- **Tensione mentale**: come forti emozioni, un profondo dispiacere, depressione, pensieri negativi, antipatie, questioni da evitare, preoccupazioni, paura o dolore fisico.

- **Insufficiente attenzione ai dettagli** a ciò che è vicino, oppure porre attenzione ai dettagli soltanto con gli occhiali. In entrambi i casi il movimento degli occhi è ridotto e la vostra capacità di messa a fuoco diminuisce come conseguenza della perdita d'uso.

- **I moderni metodi di lettura veloce** usano tecniche contrarie alla visione naturale.

- **Non permettere agli occhi stanchi di chiudersi**, o aprirli prima di sentirli riposati.

- **Sbattere troppo poco le palpebre.** Gli occhi sani ammiccano in media ogni due o tre secondi. Questi ammiccamenti sono veloci, eseguiti con facilità e a mala pena visibili.

- **Usare lenti positive** (occhiali da lettura). Specialmente occhiali che sono troppo forti. La mia definizione di "troppo forte" è quando si vede con perfetta chiarezza con questi occhiali.

- **Usare lenti negative** (da lontano) mentre leggete ad una distanza inferiore alla lunghezza delle vostre braccia.

- **Mantenere la testa ferma** bloccando la posizione del collo mentre leggete. Inclinare il capo all'indietro per leggere è un altro sforzo tipico del collo. La tensione in questa sede favorisce la tensione degli occhi e viceversa, quindi la cosa migliore è rilassare i muscoli del collo!

È molto probabile che siate giunti al vostro livello di presbiopia sforzandovi di vedere al livello fisico o mentale, in modo consapevole o inconsapevole.

La vostra visione sfocata da vicino è semplicemente un segno di tensione; pertanto essa può essere considerata come un messaggero, che compare, non appena vi sforzate per leggere, ed urla: "smettila di produrre questa tensione!".

Sfortunatamente la maggior parte di noi non ode affatto questo messaggio. Invece prestiamo ascolto al messaggio imposto dalla nostra cultura che dice: "Sei sopra i quarant'anni. Che cosa aspetti? Vai a farti controllare gli occhi, probabilmente hai bisogno di un paio di occhiali".

Potete rifiutare testardamente gli occhiali e cavarvela strizzando gli occhi e fissando più a lungo che potete, ma l'incredibile sforzo oculare che ciò produce può compromettere la vostra acutezza visiva da lontano, come pure la visione da vicino, e vi fa fallire nel vostro scopo. Così, prima o poi, userete gli occhiali, cosa che riduce al silenzio il messaggero. Il vero messaggio ora può essere ignorato finché la tensione non peggiora e gli occhiali non sono più abbastanza forti…

Sì, gli occhiali vi permettono di leggere, ma non fanno nulla per alleviare la tensione sottostante. Al contrario, essi tendono a causare maggiore tensione, motivo per cui la vista abitualmente peggiora in modo rapido quando le persone cominciano ad usare le lenti correttive. In poche settimane potreste scoprire che non riuscite più a leggere senza occhiali la stampa a caratteri grandi, come facevate solo poco tempo prima.

Ricercatori dell'università di Berkeley, California, hanno studiato gli effetti del primo paio di occhiali da lettura su un gruppo di persone di età compresa tra i ventuno e i quarantaquattro anni. Ai partecipanti era stato chiesto di usare per due mesi lenti graduate +1.50 per eseguire tutte le mansioni che richiedevano visione da vicino, come usare il computer e leggere. In media gli occhiali erano usati per tre ore e mezza al giorno.
Al termine dei due mesi, ventisei dei trenta partecipanti avevano perso mediamente due terzi di una diottria. Nei due mesi successivi, gli occhiali da lettura furono tolti completamente, e nonostante ciò queste persone non avevano ancora recuperato la loro originaria capacità di mettere a fuoco da vicino. Questo studio concluse giustamente che sarebbe meglio ritardare la prescrizione di lenti da lettura (Vedamurthy 2009).

Gli occhiali hanno un centro focale in ciascuna lente attraverso cui l'occhio vede al meglio. Più lontano guardate dal centro ottico attraverso la lente, e minore nitidezza essa fornisce. Questo ha come risultato un'innaturale tendenza a mantenere gli occhi centrati, cosa che richiede a sua volta un'innaturale quantità di movimento della testa per sostituire il movimento degli occhi, oppure si verifica semplicemente che li strizzate di più quando guardate ai lati del centro della lente. In entrambi i casi si aggiunge tensione.

Inoltre guardare attraverso gli occhiali distorce la dimensione, la forma e il colore di ogni cosa vista, situazione alla quale in qualche modo vi abituate. Di regola, gli occhi tendono a peggiorare quando si usano gli occhiali: tenetelo a mente la prossima volta che, come al solito, allungate la mano per prenderli.

Dopo che Bates a cinquant'anni ebbe curato i propri occhi presbiopici, furono così tanti i pazienti non in grado di leggere senza occhiali che guarirono, ed egli capì che la gran maggior parte dei presbiti, se non tutti, potevano essere curati (Bates 1925c).

Che cosa fare degli occhiali?
Togliere gli occhiali è un buon inizio. Talvolta evitarli completamente è ciò che basta per tornare alla nitidezza naturale, tuttavia la maggior parte delle persone ha bisogno di una guida

aggiuntiva e di aiuto prima di abbandonare gli occhiali per sempre. Bates raccomandava di non usarli affatto.

Un uso minimo di lenti sotto-graduate è un'altra opzione che permette di progredire, ma così facendo si allunga il tempo che ci vuole per recuperare la visione nitida.

> **Abbandonate gli occhiali**
> Più facile da dire che da fare. È un dato di fatto che non è possibile curare qualcuno che leva e mette gli occhiali. So quanto sia difficile per esperienza personale. Mi ci è voluto un anno per convincermi che gli occhi non potevano essere curati finché non avessi smesso di usare gli occhiali: non potevo metterli neanche per le emergenze senza avere una ricaduta.
>
> I pazienti che desiderano veramente essere curati, possono abbandonare gli occhiali ed ottenere beneficio pressocché immediato. Usarli diventa un'abitudine fissa. L'idea di avventurarsi senza di essi è uno shock. La seria convinzione di fare tutto il possibile per curarsi rende facile, o più facile, abbandonare subito gli occhiali. Molti pazienti mi dicono che dopo averli dismessi non si sentono così a disagio come invece si aspettavano (Bates 1922c).

[15] Se gli occhiali vi danno una visione perfetta, sono troppo forti e saranno di ostacolo al miglioramento della vista. Nel momento in cui decidete di leggere nuovamente ad occhi "nudi", dovete dare loro l'opportunità di ridurre il livello di tensione attuale. Non usare affatto

gli occhiali, o usare un paio sotto-graduato per leggere quando serve, dona alla vostra vista la possibilità di migliorare, ed una ragione per godere della visione nitida.

Vi suggerisco di fare tutte le attività descritte in questo libro senza occhiali, e di accettare la visione offuscata come un amichevole promemoria che vi ricorda di rilassare lo sguardo. Pensatela così: potete persino godere della visione sfocata finché dura, perché essa non sarà con voi ancora per molto! Quando smettete di cercare di vederci meglio, la vista migliore viene a voi.

****
Non usare affatto gli occhiali, o usare un paio sotto-graduato per leggere quando serve, dona alla vista la possibilità di migliorare, ed una ragione per godere della visione nitida.
****

Per i paragrafi che non riuscite ancora a leggere, usate occhiali che siano un quarto o metà diottria più leggeri di quelli prescritti. Alcune persone preferiscono ridurre anche di tre quarti di diottria o di una diottria intera. Se il vostro optometrista non vi è di aiuto in questo, rivolgetevi ad un optometrista comportamentale.[5] In alternativa, sono disponibili in molti negozi occhiali da lettura economici, oppure si possono comprare online occhiali più personalizzati ad un costo accessibile.[6] Quando riuscirete a leggere facilmente con queste lenti sotto-graduate, è tempo di ridurre di un altro quarto di diottria, o anche di più.

Lenti bifocali, multifocali o progressive

Se la vostra presbiopia è così avanzata che anche la visione da lontano è compromessa, l'oculista potrebbe avervi prescritto delle lenti bifocali, multifocali o progressive. Queste lenti hanno una differente diottria (potenza) nella metà superiore degli occhiali. Nel caso della presbiopia, la parte superiore sarà una lente positiva di potenza inferiore, mentre nel caso della miopia combinata con la presbiopia, la parte inferiore avrà una lente negativa di potenza inferiore. Nel secondo caso si può ancora leggere in modo facile senza occhiali, ma toglierli regolarmente è una seccatura (o levare le lenti a contatto mentre si legge è poco pratico), così queste persone ricorrono alle bifocali.

Le lenti bifocali o multifocali accrescono la tensione visiva aumentando la tensione a livello del collo (vedi *Postura* in Passo 2, p. 43), e quindi sono peggiori delle lenti regolari per la vista.

Nel caso di occhiali multifocali per presbiti, la cosa migliore è tornare alle lenti a visione singola e togliere gli occhiali quando si guarda lontano. La vista da lontano sarà la prima a migliorare quando l'affaticamento visivo sarà diminuito.

Anche nel caso di occhiali multifocali per miopi, la cosa migliore è tornare alle lenti a visione singola e togliere gli occhiali quando si legge. Se usate lenti a contatto bifocali, una soluzione può essere invece quella di passare a lenti a contatto a visione singola con prescrizione ridotta. In entrambi i casi, vi consiglio di imparare il Metodo Bates per riguadagnare una visione nitida a tutte le distanze.

[16] Occhiali stenopeici

Invece delle lenti da lettura, molte persone scoprono che possono usare gli "occhiali" stenopeici quando hanno bisogno di maggior nitidezza. Gli occhiali stenopeici in verità non hanno lenti; sono fatti di plastica nera con piccoli fori attraverso cui vedere. I forellini restringono i raggi di luce ai soli raggi centrali. Questi raggi non vengono rifratti dal cristallino dell'occhio e quindi producono un'immagine nitida sulla retina. In presenza di luce sufficientemente intensa, gli occhiali stenopeici possono essere un utile strumento di transizione, che riduce il bisogno di occhiali da lettura o di occhiali da vista. Li potete trovare sul mio sito.[7]

Lili, una mia studentessa presbite, mi disse che usava degli occhiali stenopeici modificati per guidare. Sapeva che la guida con occhiali stenopeici è sempre sconsigliata (essi restringono tantissimo il campo visivo), ma lei trovò una soluzione per questo problema. Tagliò la metà superiore della lente nera di plastica, così da poter vedere lontano senza restrizioni attraverso l'apertura superiore, mentre poteva ancora leggere la strumentazione dell'auto attraverso la metà inferiore della lente con i forellini.

[15] La presbiopia può essere evitata

Non tutti sviluppano la presbiopia a quarant'anni. Infatti, alcune persone conservano una buona vista fino a settanta/ottant'anni senza aver mai avuto bisogno di occhiali da lettura.

Bates incontrò numerose persone come queste. Egli diede il seguente esempio di cosa può accadere quando una persona riconosce precocemente che la tensione è il problema e decide di agire di conseguenza.

> A un uomo di sessantacinque anni, visitato in condizioni di luce moderata in ambiente interno, venne riscontrata una visione di 20/10 (6 m./3m.). In altre parole, poteva vedere due volte più lontano di quanto ci si aspetta che l'occhio normale riesca a vedere. Egli leggeva inoltre il carattere diamante* a meno di quindici centimetri di distanza, e ad altre distanze, fino a più di quarantacinque centimetri.
>
> Come risposta alla domanda su come fosse venuto in possesso di doti visive così eccezionali per la sua età, addirittura per qualsiasi età, egli rispose che a quarant'anni aveva cominciato a sperimentare a volte difficoltà a leggere. Consultò un ottico che gli consigliò degli occhiali. Tuttavia non era convinto che gli occhiali fossero necessari, perché a volte poteva leggere perfettamente senza.
>
> La questione lo interessò così tanto che cominciò ad osservare i fatti, cosa che la gente fa raramente. Per prima cosa notò che quando si sforzava di vedere da vicino o da lontano, la sua vista inevitabilmente peggiorava, e che quanto più cercava di sforzarsi, tanto più la vista peggiorava. Evidentemente c'era qualcosa di sbagliato in questo modo di usare gli occhi.

Allora provò a guardare le cose senza sforzo, senza cercare di vederle. Cercò pure di far riposare gli occhi chiudendoli per cinque minuti o più, o guardando lontano dalla pagina che voleva leggere o dall'oggetto distante che voleva vedere. Queste pratiche miglioravano sempre la sua vista e, continuando a farle non solo riguadagnò la visione normale ma la conservò per venticinque anni.

«Dottore» disse, concludendo la sua storia, «quando i miei occhi sono a riposo e a loro agio, la mia vista è sempre buona ed io mi dimentico di essi. Quando non si sentono a loro agio non vedo mai così bene, e allora li faccio riposare finché non si sentono nuovamente bene» (Bates 1921a).

* Si rimanda a p. 106 per una spiegazione del carattere tipografico diamante.

Passo 1 Sommario – Ecco a voi la vista offuscata!

- ✓ La vista offuscata è causata da tensione fisica e mentale.
- ✓ La vista offuscata è un messaggio che vi avvisa del livello di tensione.
- ✓ Gli occhiali mettono a tacere il segnale e aumentano la tensione con il loro uso prolungato nel tempo.
- ✓ Per migliorare la vista evitate di indossare occhiali, oppure usatene un paio con lenti sotto-graduate solo quando necessario.
- ✓ Evitare lenti bifocali o multifocali vi aiuterà a progredire.
- ✓ Accettate che in questo momento la vostra visione sia sfocata e smettete di cercare di vederci meglio.
- ✓ La presbiopia può essere evitata con il riposo.

Passo 1. Ecco a voi la vostra vista offuscata!

Passo 2. E ora un buon riposo

[17] Lasciamo andare via la tensione! Probabilmente avete cercato di combattere la visione offuscata; avete forse tentato in tutti i modi di vedere meglio, strizzando gli occhi e sforzandovi di vedere, ma tutt'al più la visione migliora solo temporaneamente quando avete fatto tutto ciò. È giunto il momento di cambiare tattica e di cominciare ad allentare la tensione che si è accumulata.

Bates diceva che la presbiopia si cura proprio come si cura qualsiasi altro errore di rifrazione: con il **riposo**. Alcune persone possono essere curate velocemente, anche in non più di quindici minuti, per altre può volerci di più, ma di regola il sollievo si ottiene in un tempo ragionevolmente breve.

Ci fu il caso di un uomo curato semplicemente facendogli chiudere gli occhi per mezz'ora. Sua moglie fu curata allo stesso modo, e quando Bates rivide la coppia sei mesi più tardi, poté constatare che nessuno dei due aveva avuto ricadute. Entrambi avevano usato gli occhiali per più di cinque anni (Bates 1921a).

[16] Per rendere più veloce il progresso verso la visione nitida è necessario che gli occhi siano veramente riposati. E ora esploriamo alcuni modi per riposare la vista.

Togliete gli occhiali. Posizionate la tabella di dimensioni medie (pp. 145-147) ad una distanza dove le prime sei righe siano facilmente leggibili. Potrebbe essere a tre o a quattro metri e mezzo. Poi:

- [15] Chiudete gli occhi e copriteli con i palmi delle mani. Questo si chiama *"palming"*. Appoggiate i gomiti su un cuscino, un tavolo, o sullo schienale di una sedia. Tenete le mani leggermente a coppa per evitare di premere sulle palpebre.

    Notate se c'è qualche tensione nei muscoli del viso, specialmente nella zona attorno agli occhi, e cercate, se potete, di lasciarla andare tutta o in parte. Ascoltate musica rilassante e permettete alla mente di vagare verso pensieri piacevoli mentre gli occhi riposano.

- Mentre fate *palming*, immaginate di guardare una scena familiare che vi piace. Osservatela ad una distanza da dove potete vederla chiaramente con facilità. Guardatevi intorno rilassati e interessati e notate i dettagli e colori. Fate attenzione a come si sentono gli occhi in questi momenti.

- Adesso immaginate una palla da tennis o una pallina che vi rotola davanti. Avvicinatevi, prendetela in mano, toccatela delicatamente con le dita, esploratene la consistenza, notatene i colori e i dettagli.

Portatela lentamente più vicino agli occhi e divertitevi a vedere o immaginare ancora maggiori dettagli. Immaginate che la palla fluttui lievemente sulle mani e si muova dolcemente in tutte le direzioni. Se cominciate a sentire qualche tensione agli occhi o al capo, rilasciate questa tensione prima di tornare sulla palla.

- Se trovate difficile immaginare la palla con chiarezza, sostituitela con qualcosa che potete immaginare facilmente.

- Poi allontanate le mani mentre continuate a tenere chiusi gli occhi per un altro minuto. Controllate i muscoli del viso, la postura ed il respiro. Vi sentite rilassati?

- Quando gli occhi si sono adattati alla luce che arriva attraverso le palpebre chiuse, aprite brevemente le palpebre, meno di un secondo, giusto il tempo di "fare una foto" di qualunque cosa sia davanti a voi. Chiudete ancora le palpebre velocemente e notate come l'immagine che avete visto sia ancora nel vostro cervello, e come possiate ricordarne qualche dettaglio per un po'.

Girate la testa e aprite brevemente gli occhi per fare un'altra "foto". Notate come non abbiate bisogno di *fare* niente perché l'immagine appaia nella vostra mente.

L'atto del vedere non richiede alcuno sforzo, proprio così: una serie di flash fotografici nel vostro cervello, pronti all'istante ad essere interpretati. È come se vedeste con la parte posteriore della testa, senza neppure usare consciamente gli occhi: lasciate soltanto che la luce entri.

Meno sforzo fate per vedere, minore sarà la tensione muscolare che tira il bulbo oculare modificandone la forma. L'immagine nella mente sarà quindi più nitida. Potete rilassare lo sguardo.

- Aprite gli occhi e lasciate che le palpebre ammicchino quanto desiderano. Potete mantenere questo modo di vedere senza sforzo? Potete lasciare che la luce e le immagini entrino, così come sono, senza voler cambiare il modo in cui entrano? La tabella di medie dimensioni ora è più facile da leggere?

Praticate questo modo di vedere senza sforzo:

- Guardate la tabella e scegliete una lettera che vi piace. Chiudete gli occhi per dieci secondi mentre immaginate questa lettera ancora più nitida. Alternate questo con l'apertura degli occhi per un brevissimo istante per controllare la lettera. Praticate così senza sforzare: non "cercate" di vedere la lettera, guardatela solo brevemente ogni volta.

- Guardate gli oggetti attorno a voi. Notatene i colori. Quale colore vi piace di più? Chiudete gli occhi contando fino a dieci e ricordate i vostri colori preferiti, uno alla volta. Aprite gli occhi per due secondi e controllate questi oggetti. Ripetete diverse volte.

Eseguite il *palming* spesso e per tutto il tempo che volete. Specialmente nelle prime settimane, intervallate la lettura con brevi periodi di *palming* o di momenti ad occhi chiusi. Eseguite il *palming* per pochi secondi o per pochi minuti ogni ora. Una seduta più lunga di mezz'ora o più produce di solito risultati ancora migliori.

La mia seduta più lunga di *palming* è durata sei ore e ha fatto la maggiore differenza in nitidezza, perché ho raggiunto un livello molto più profondo di rilassamento rispetto a quello che raggiungo in pochi minuti.

Due livelli di tensione
Quando la vista incomincia a diventare offuscata, è segno che qualche muscolo dell'occhio è in tensione. La tipica reazione iniziale a questo offuscamento è fare uno sforzo per vederci meglio. Questo sforzo produce un secondo livello di tensione, di solito sulle palpebre e sui muscoli della faccia. Strizzare gli occhi diventa presto un'abitudine. Strizzare può restituire un po' di nitidezza, tuttavia non è possibile mantenere nel tempo l'ulteriore tensione causata dal socchiudere le palpebre, e quindi nemmeno la maggior nitidezza.

Quando cominciate ad allentare la tensione, il primo livello di rilassamento scioglie lo strato più esterno di tensione sulle palpebre. Sfortunatamente, il risultato può essere un momentaneo aumento dell'offuscamento della visione. Non tutti provano questo transitorio aumento di offuscamento, ma alcuni, per questo motivo si scoraggiano e abbandonano il Metodo, prima ancora che esso abbia avuto una chance per produrre veri risultati. Se capita anche a voi di provare un temporaneo aumento della vista offuscata, non arrendetevi! Dovete accettare di aver bisogno di lasciare andare la "falsa nitidezza" prodotta dalle palpebre strizzate. La vista limpida, vera e sostenibile si ottiene solo quando lasciate andare la tensione originale, più profonda. Avete bisogno di raggiungere quel livello più profondo di rilassamento.

Il *palming* vi aiuterà a trovare entrambi i livelli di tensione, così da poter iniziare a rilassarli. Più fate *palming* e più sono lunghe le sedute, e molto prima vi abituerete ai livelli più profondi di rilassamento. È bene che arriviate al punto in cui solo pensare al *palming* vi rilassa gli occhi.

> **La cura della vista imperfetta può essere realizzata solamente senza sforzo. Troppi pazienti credono che la cura della vista imperfetta sia molto complicata, e che debbano fare un grande sforzo. È solo quando si sono convinti che il solo modo per ottenere la vista perfetta è attraverso il riposo, che si ottiene un miglioramento permanente (Bates 1926a).**

Quando non permetterete più ai vostri occhi di stare in tensione, per qualsiasi motivo, vedrete i migliori risultati.

[16] La luce del sole

Strizzare gli occhi di fronte ad una luce intensa è un fattore che favorisce l'affaticamento oculare. Eppure nella loro essenza gli occhi sono dei "cercatori" di luce e la luce del sole è la loro ragione d'esistere. Essa è un nutrimento basilare che ne sostiene la salute. Senza la luce del sole, il corpo soffre di "cattiva illuminazione": esso può diventare predisposto ad infezioni e malattie, e gli occhi diventano sensibili alla luce.

Il dottor John Ott, fotografo e cineamatore, ha scoperto la fotografia a intervalli programmati per mostrare gli effetti della luce colorata e fluorescente sulle piante, sugli animali e sugli esseri umani. Ha scoperto che lo spettro limitato delle luci artificiali causa diversi cambiamenti biochimici e produce una varietà di problemi di salute a seconda della parte dello spettro di luce mancante. Quando la parte mancante dello spettro veniva integrata, oppure quando veniva usata la luce del sole, questi problemi di salute scomparivano. Ott concluse che lo spettro completo di lunghezza d'onda, dagli infrarossi agli ultravioletti, è fondamentale per una salute ottimale (Ott 1958, 1973, 1982).

Come risultato della sua ricerca, Ott ideò delle lampadine a spettro completo che oggi sono ampiamente disponibili. Sebbene tali lampade siano eccellenti, la luce del sole è ancora preferibile. La maggior parte degli occhiali, delle lenti a contatto e degli occhiali da sole (e in verità qualsiasi vetro, incluse le finestre) non fanno passare la porzione dello spettro corrispondente agli ultravioletti (UV). Senza le onde UV la pupilla si contrae meno di quanto dovrebbe, e ciò fa sì che entri più luce nell'occhio. Questo a sua volta crea il desiderio di occhiali più scuri e determina una crescente sensibilità alla luce.

> **La paura che la luce possa danneggiare gli occhi, in realtà, produce ipersensibilità alla luce.**
> (Bates 1921c)

[15] Per migliorare la vista, gli occhi hanno bisogno di essere a proprio agio con qualsiasi livello di luce, senza la necessità di essere schermati. La soluzione è trascorrere più tempo all'aperto senza occhiali, e usare la tecnica del "sunning", descritta sotto, per essere a proprio agio con la luce brillante: la risposta della pupilla sarà ripristinata entro poche settimane e non sentirete più il bisogno di strizzare gli occhi in presenza di luce brillante. Vi sarà sufficiente sbattere le palpebre regolarmente per mantenere gli occhi a loro agio.

Certamente non raccomando di fissare il sole per vincere ogni deficit di spettro, tuttavia consiglio di far fare ai vostri occhi un bagno di sole quotidiano, quando il tempo lo permette. Il sunning per gli occhi è facile e sicuro da fare:

- **Sunning** ("bagno di sole" – n.d.t.)
  Iniziate con la pratica base del sunning quando il sole è relativamente basso in cielo. In estate o vicino all'equatore vuol dire entro due o tre ore dopo il sorgere del sole o prima del tramonto, mentre durante i mesi invernali alle alte latitudini il sole di mezzogiorno va bene.

<u>Sunning di base</u>: ad occhi chiusi puntate il naso verso il sole. Girate gentilmente la testa da un lato all'altro e godete del calore e della luce sulle palpebre chiuse per cinque o dieci minuti. Quando avete finito, tenete chiusi gli occhi e giratevi in modo da avere il sole alle spalle. Aprite gli occhi, ammiccate, e notate come sentite gli occhi.

<u>Sunning avanzato</u>: quando i vostri occhi sono veramente a loro agio durante il sunning di base, siete pronti per il livello successivo. Mettetevi di fronte al sole ad occhi chiusi, e girate il capo a novanta gradi a sinistra (il mento ruota fino a raggiungere la linea della spalla) e aprite gli occhi. Ammiccate spesso mentre cominciate lentamente a girare la testa indietro verso il sole.

Fate molta attenzione ad ogni sensazione che proviene dagli occhi: non appena la luce vi sembra troppo brillante, avrete la tendenza a strizzarli. Non fatelo: piuttosto chiudete gli occhi dolcemente. Mantenete le palpebre chiuse e terminate di girare il capo verso la spalla destra. Arrivati lì, aprite gli occhi e ammiccate, tornando indietro ancora verso il sole, continuando così fino al punto dove vi sentite a vostro agio. Chiudete gli occhi quando la luce vi sembra troppo intensa e manteneteli chiusi finché il mento non abbia raggiunto nuovamente la spalla sinistra.

Ripetete questa manovra per alcuni minuti. Con la pratica quotidiana gli occhi si abitueranno sempre di più alla luce brillante. Alla fine sarete capaci di ammiccare delicatamente durante tutto il percorso da lato a lato. Non abbiate fretta: restate all'interno del vostro livello di comfort e sbattete sempre le palpebre quando gli occhi passano davanti al sole.

<u>Dopo il sunning</u>: guardate l'orizzonte per un po' di secondi, poi spostate l'attenzione verso un oggetto che si trova a poca distanza dagli occhi (può essere una delle tabelle di pratica tenuta in mano). Ammiccate regolarmente mentre alternate lo sguardo da lontano a vicino e viceversa.

Nelle giornate nuvolose o piovose potete usare una lampada luminosa (250W o più – in Italia 150W)[8] come sostituto temporaneo del sole per mantenere sotto controllo l'ipersensibilità alla luce.

- **Combinazione di sunning e *palming***
  Alternate il *palming* e il sunning ad occhi chiusi per cinque secondi alla volta. Quando passate dall'oscurità alla luce, e viceversa, voi stimolate e rilassate la risposta della pupilla. Terminate con un minuto o due di sunning di base.

Più tempo trascorrerete all'aperto alla luce naturale e meglio si sentiranno gli occhi. In condizione di luce estremamente forte, la tesa di un cappello può essere usata per far ombra agli occhi, se necessario.

> **Non è la luce ma l'oscurità che è pericolosa per gli occhi. L'esclusione prolungata della luce abbassa sempre la visione e può produrre serie condizioni infiammatorie**
> (Bates 1920aa).

[14] Massaggio e pressione sui punti di agopuntura

La chiave per una vista nitida è il rilassamento fisico dei muscoli del sistema visivo. Questo, oltre ai muscoli deputati alla messa a fuoco, comprende anche i muscoli delle palpebre ed altri vicini agli occhi. I muscoli che si occupano della messa a fuoco non sono di solito sotto il vostro controllo consapevole, ma gli altri li potete rilassare più facilmente. Le palpebre, per esempio, abbandoneranno la tensione non appena penserete ad esse: di fatto su di esse potete allentare ogni tensione che percepite. Gli altri muscoli attorno agli occhi possono essere incoraggiati a rilassarsi con un gentile massaggio.

Gli occhi sani sono occhi aperti con uno sguardo rilassato; essi non mostrano alcun aggrottamento di ciglia o corrugamento della fronte, né sono strizzati. Quando siete capaci di mantenere i muscoli accessori della visione rilassati, diventa più facile influenzare lo strato più profondo di tensione nei muscoli deputati al controllo della messa a fuoco.

Usate due o tre dita di ciascuna mano per massaggiarvi intorno agli occhi. Evitate di fare pressione sui bulbi oculari, premete soltanto sulle ossa attorno agli occhi e includete anche la fronte, le tempie, il cuoio capelluto, le guance. Potete trovare alcuni punti dolenti. Massaggiateli con delicatezza finché il dolore se ne sarà andato.

Per la pressione sui punti di agopuntura, usate i polpastrelli delle dita per stimolare i punti specifici sul viso che sono correlati alla vista.[35] La pressione e il movimento delle dita favoriranno la circolazione e aiuteranno a lasciare andare la tensione. Oltre a controllare la posizione dei punti mentre prendete dimestichezza con questa procedura, vi raccomando di far pressione sui punti stessi e di massaggiarli ad occhi chiusi.

Questa immagine[9] mostra i punti da rilassare e da stimolare per gli occhi ipermetropi e presbiti.

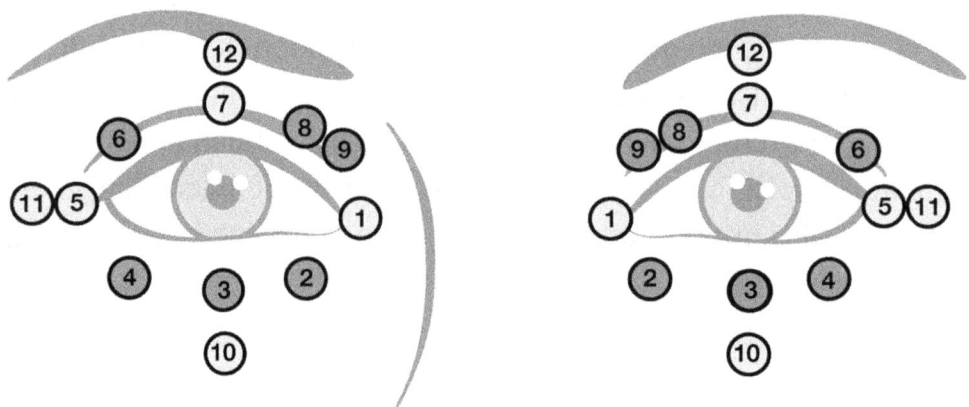

I punti 1, 5, 7, 10, 11 e 12 (cerchi chiari) vanno rilassati, mentre i punti 2, 3, 4, 6, 8 e 9 (cerchi scuri) possono essere stimolati. Usate questi suggerimenti soltanto come una guida, e poi sperimentatene l'effetto per scoprire che cosa sia meglio per voi.

I punti appena sopra l'occhio (6, 7, 8 e 9) sono localizzati sull'osso che circonda l'occhio stesso. Usate il pollice per premere in su, contro l'osso. Per i punti 2, 3 e 4 premete con delicatezza verso il basso con l'indice sull'osso. Evitate di fare pressione sul bulbo oculare.

Per rilassare un punto potete premere lentamente sul punto stesso con i polpastrelli delle dita o del pollice mentre inspirate, e poi diminuite la pressione mentre espirate. Fatelo per circa due minuti su ogni punto, o finché scompare il dolore.

Per stimolare un punto, usate un piccolo massaggio con movimento circolare, oppure muovete il punto gentilmente. Non muovete il capo, solo il dito.

[16] Postura

Potrete scoprire che leggere è più facile quando guardate in basso verso la pagina, e che provate una sensazione di maggiore offuscamento quando tenete un libro al livello degli occhi. Questo è abbastanza comune, forse perché la forma segue la funzione. Con l'uso quotidiano, guardare in basso diventa automatico quando si guarda da vicino, mentre guardare direttamente dritto davanti a voi è associato con il guardare lontano. Quando la lettura incomincia a diventare più difficile, spesso le lettere sono ancora nitide quando sono viste con gli occhi rivolti verso il basso. Questo porta ad una tendenza a tenere il testo vicino al capo oppure ad inclinare la testa indietro, in modo che gli occhi possano guardare al di sotto del naso.

Sfortunatamente, uno sguardo rivolto d'abitudine troppo in basso può portare a successivi problemi visivi. Forrest ha scoperto una forte correlazione tra il guardare in basso per troppo tempo (o il mantenere il capo inclinato all'indietro) e lo sviluppo dell'astigmatismo obliquo (Forrest 1980). Le lenti bifocali, multifocali e progressive portano ad adottare uno sguardo simile, rivolto verso il basso e a testa inclinata; il loro uso regolare porta inevitabilmente all'astigmatismo (Weale 1989).

Forrest ha notato che, per le persone che tendono a guardare in basso, l'astigmatismo si sviluppa lungo gli assi obliqui verso l'esterno ("extorted" in inglese - n.d.t.). Questo vuol dire che l'asse dell'occhio destro si trova probabilmente in un intervallo compreso tra 95°-175°, mentre l'asse dell'occhio sinistro tende a stare nell'intervallo compreso tra 5°-85°.

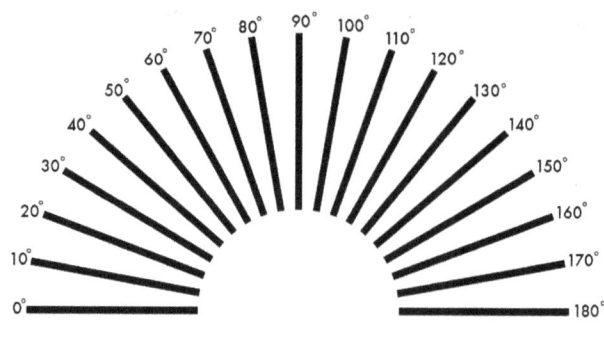

D'altro canto, se guardate abitualmente al di sopra dei vostri occhiali da lettura e passate più tempo a guardare all'insù, può svilupparsi un astigmatismo lungo gli assi obliqui rivolti verso l'interno ("intorted" in inglese - n.d.t.): l'asse dell'occhio destro si trova in un intervallo compreso tra 5°-85°, l'asse dell'occhio sinistro tra 95°-175°.

L'astigmatismo dà come risultato delle "immagini fantasma" o un grado di visione doppia in ciascun occhio. È un problema abbastanza comune con una prevalenza stimata intorno al 70%.[10] La ricerca di Forrest suggerisce che l'astigmatismo è preceduto da un prolungato uso squilibrato dei muscoli extraoculari, che sono i muscoli che muovono gli occhi in tutte le direzioni.

Se inclinate spesso la testa da un lato senza inclinare ugualmente anche il testo che state leggendo, è probabile che sviluppiate astigmatismo pari all'angolo dell'inclinazione della vostra testa. In più, i muscoli contratti del collo riducono i movimenti del capo: quando leggete con un movimento della testa inferiore a quello ottimale, gli occhi scorreranno da sinistra a destra più del loro movimento naturale, e anche questo può alla fine portare all'astigmatismo. Secondo Forrest, questo "scanning" dell'occhio da lato a lato crea un tipico astigmatismo orizzontale (180°), che consiste nel vedere sfocate le linee verticali.

Quando cominciate a praticare migliori abitudini visive, fa ovviamente bene mettere in pratica anche più sane abitudini posturali. Se inclinate spesso il capo quando leggete, prestate attenzione al rilassamento della tensione del collo, finché non si verifica più. Talvolta un'inclinazione temporanea volontaria in direzione opposta può aiutare a ritornare al bilanciamento. Anche la pratica "incontri ravvicinati in movimento" a p. 59 è utile per ridurre l'astigmatismo.

Se notate immagini fantasma, controllate sempre prima la posizione del capo. Tenete il testo più vicino al livello degli occhi invece di guardarlo tenendolo inclinato di un certo angolo. La vostra postura migliorata vi porterà ad una visione migliore!

[15] Il miglior riposo

Un buon riposo va più in profondità di un semplice riposo fisico: esso include il riposo mentale. Quando immaginate di avere già una visione nitida, favorite il raggiungimento del riposo mentale. Il miglior riposo mentale per gli occhi avviene combinando l'immaginazione con l'ispirazione personale. Una mente a riposo aumenta il riposo fisico, l'ispirazione poi aiuta a mantenere questo stato felice.

L'ispirazione è la scintilla interiore che illumina il fuoco dell'immaginazione. Esploriamola :

> Che cosa vi motiva di più a migliorare la vista?
>
> Siete eccitati all'idea di poter vedere di nuovo limpidamente? (Lo spero proprio!)
>
> Riuscite ad immaginare che la vostra vista è di nuovo perfetta? Proprio adesso?
>
> Come vi sentirete quando recupererete una vista perfetta?
>
> Quanta gioia vi brillerà negli occhi?
>
> Che cosa farete quando avrete una vista nitida?

Questi pensieri vi disegnano un sorriso sul volto? Vi motivano a fare il prossimo Passo nel vostro percorso verso la chiarezza? Sì? Bene! Perché per recuperare la vista nitida è richiesta la vostra partecipazione attiva. Al confronto, gli occhiali rappresentano la scelta pigra, la soluzione immediata più veloce che non richiede molto, se non metterli sul naso. Se avete veramente intenzione di mollare le grucce, avete bisogno di trovare l'ispirazione!

Andate avanti, create nella vostra mente un'immagine chiara del giorno in cui getterete via con gioia gli occhiali per sempre, sapendo che non ne avrete mai più bisogno. Sentite la gioia e la libertà che questo porta con sé, immaginate la nitidezza che vedrete. Immaginate di far qualcosa, come leggere senza sforzo un libro, senza occhiali, oppure baciare una persona amata notando come il suo viso vi rimanga chiaramente a fuoco.

Tenete queste cose a mente! Ripetete spesso queste immagini mentali positive, soprattutto in quei giorni in cui l'ispirazione potrebbe aver bisogno di una rinfrescata. Quando immaginate regolarmente di raggiungere l'obiettivo di leggere senza occhiali, il percorso diventa un po' più facile, non importa quanto tempo ci vorrà. Per prima cosa immaginatelo, i risultati seguiranno.

> **[16] Ricordate i vostri successi
> (le cose viste perfettamente);
> dimenticate i vostri fallimenti
> (le cose viste in modo imperfetto);
> i pazienti che fanno così si curano velocemente
> (Bates 1921c).**

Passo 2 Sommario – E ora un buon riposo

- ✓ Vedere è un'attività che non richiede sforzo.
- ✓ Gli occhi sono soggetti a due livelli di tensione. Entrambi devono essere rilassati per poter tornare ad una visione nitida.
- ✓ Il *palming* crea un'opportunità per un rilassamento visivo profondo: se fatto correttamente, rilassa entrambi i livelli di tensione.
- ✓ Sbattete le palpebre dolcemente e regolarmente.
- ✓ La luce del sole è essenziale per la salute degli occhi.
- ✓ Il massaggio e la pressione sui punti di agopuntura stimolano la circolazione attorno agli occhi.
- ✓ La postura influisce sulla visione.
- ✓ L'immaginazione positiva e l'ispirazione danno sia riposo mentale, sia la motivazione per raggiungere il traguardo.

Passo 3. Iniziate da via Facile

[15] Quando smettete di usare gli occhiali per la prima volta, o usate solo quelli sotto-graduati, fatelo in modo che sia **facile** per voi! Usate quelle che per voi sono le condizioni migliori per favorire il rilassamento.

- **Luce**. Se preferite una luce brillante, usate la luce brillante! La luce del sole è ideale, ma anche le lampade a spettro completo sono utili sostituti. Il negozio di materiale elettrico probabilmente le fornisce. Esempi di lampade che potete procurarvi sono riportati sul sitoVisions of Joy.[11]

- **Distanza e dimensione.** Tenete il testo alla distanza ottimale, là dove lo vedete meglio, e scegliete la dimensione di carattere più piccola che riuscite a leggere a quella distanza in modo relativamente facile. Prendete nota di questa distanza e del carattere della lettera (vedi pp. 144-146), così da poter verificare successivamente i progressi.

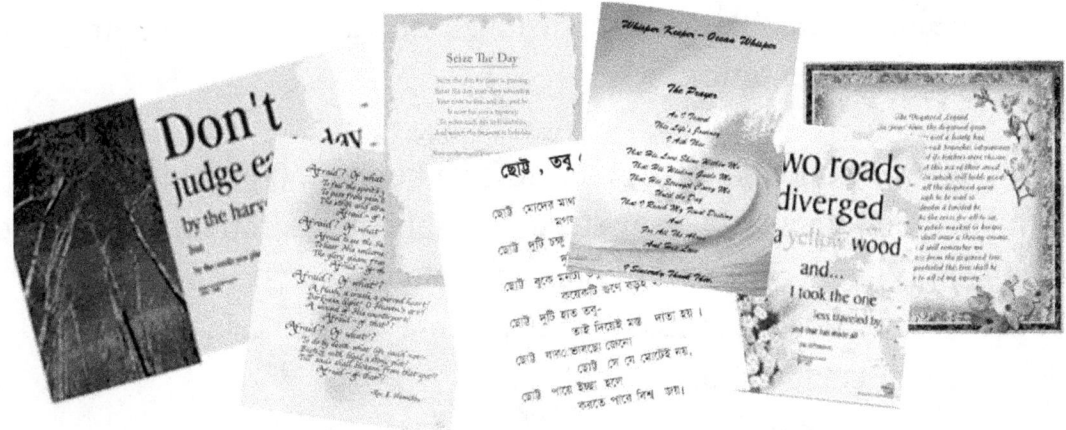

- **Interesse**. Se possibile, leggete un testo che vi interessi! Sebbene comincerete con questo libro e le tabelle di pratica, io vi suggerisco, per la pratica futura, di prendere qualsiasi testo che vi ispiri, magari una poesia che amate (stampatela in caratteri di diverse dimensioni) o un bellissimo libro che vi fa voltare le pagine con entusiasmo. La messa a fuoco mentale aiuterà moltissimo la messa a fuoco fisica.

- **Usate l'immaginazione**. D'ora in poi accettate la vista offuscata così com'è in questo momento. Non cercate neppure di renderla nitida, perché *cercare di* crea tensione agli occhi e le tensioni fanno soltanto peggiorare la visione. Lasciate che l'immaginazione aggiunga i dettagli mancanti.

Note importanti sulla distanza

Se riuscite ancora a leggere i caratteri di stampa normali ad una distanza pari alla lunghezza delle braccia, va benissimo cominciare da qui. Per migliorare la visione alla lunghezza delle braccia, mettete in pratica i Passi dal 4 fino all' 8 alternati con periodi di riposo, finché potrete ridurre gradualmente la distanza fino a trenta centimetri e poi fino a quindici centimetri.

Se le braccia sono già "troppo corte", va benissimo cominciare la pratica di lettura a tre o sei metri con la tabella di pratica grande (vedi p. 141). È impegnativo migliorare la vista da vicino se la vista da lontano non è ancora nitida: così dapprima verificate la vista da lontano con la tabella più grande.

Se la tabella grande non è completamente nitida alla distanza di tre metri, praticate i Passi 5, 6 e 7 con questa tabella a tre metri, finché tutte le righe non saranno facilmente leggibili.

Quando sarete in grado di leggere facilmente l'ultima riga sulla tabella grande ad una distanza di tre metri, passate alla tabella di pratica media (pp. 145-147), finché la leggerete tutta con facilità alla distanza di un metro e mezzo. Anche qui mettete in pratica i vari Passi per rendere nitida ogni sfocatura, prima di passare alla stampa più piccola e ad una distanza ancora più ravvicinata.

[16] Suggerimenti per migliorare velocemente

Probabilmente è facile rilassarsi e leggere quando tenete il testo alla distanza ottimale: si tratta di un punto dove le lettere si vedono ancora chiaramente (punto C nell'immagine sotto). Tuttavia, il segreto per un rapido miglioramento è quello di usare regolarmente gli occhi ad una distanza dove devono rilassarsi nonostante la visione sfocata. Ci sono due distanze di pratica ottimale per superare le sfide della vista da vicino.

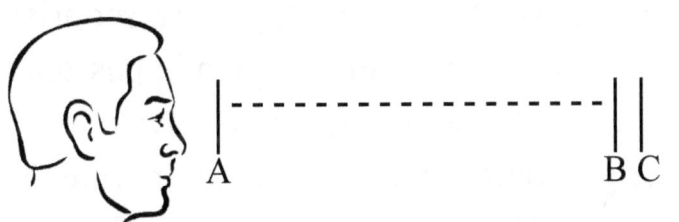

Distanze di Pratica:

A = 'Del tutto impossibile'
B = Un po' sfocato
C = Chiarezza

Distanze ottimali per lettura rilassata (C)
e per la pratica di messa a fuoco rilassata (A e B).

La prima distanza è proprio appena all'interno della zona di visione offuscata, dove le lettere sono sfocate solo un po' e tendono a diventare chiare in fretta non appena si adottano abitudini di lettura rilassata. Questo è il punto B. Gli aloni bianchi descritti nei Passi 7 e 8 saranno di grande aiuto a questa distanza. Se il vostro punto B si trova ad una distanza maggiore della lunghezza delle braccia, potete aiutarvi usando gli occhiali stenopeici o quelli a più bassa gradazione.

La seconda distanza di pratica è a meno di dieci centimetri dagli occhi, dove sembra impossibile leggere i caratteri piccoli e voi sapete che ogni sforzo è inutile. Questo è il punto A.
La consapevolezza del movimento descritta al Passo 5 è perfetta per l'uso a questa distanza.

La pratica quotidiana a queste due distanze permetterà alla zona di visione sfocata (l'area tra gli occhi e il punto C) di diminuire gradualmente in modo regolare.

Il punto A può anche essere usato a vostro vantaggio, se scopriste che i vostri occhi sono lenti nella messa a fuoco quando passano dalla visione da lontano a quella da vicino. Quando dovete leggere qualcosa dopo aver guardato lontano, potreste trovare che all'inizio le lettere sono troppo offuscate.

La soluzione è fare oscillazioni ("swings") da lato a lato a dieci centimetri di distanza (descritte al Passo 5). In tal modo aggirate il problema: invece di mettere a fuoco passando da lontano a vicino, invertite la direzione e mettete a fuoco da "estremamente vicino" a "normalmente vicino", cosa che permetterà agli occhi di mettere a fuoco con maggiore facilità.

Siete naturalmente liberi di leggere a qualsiasi distanza compresa fra i punti A e B, ma quest'area può essere una fonte di frustrazione e tensione. Il testo appare troppo sfocato per poter essere letto facilmente, e qualsiasi beneficio ottenuto tramite le pratiche di rilassamento non è così evidente con immediatezza come è il caso, invece, delle pratiche effettuate al punto B.

A meno che non riusciate a rilassarvi anche nel caso di un notevole offuscamento visivo, vi suggerisco di eseguire la maggior parte della vostra lettura al punto B.

[15] Nutrizione ottimale

Sebbene la ricerca abbia ritenuto irrilevante, nella maggior parte dei casi, l'impatto della nutrizione sulla presbiopia, le fluttuazioni dei livelli di zucchero nel sangue possono certamente influenzare la capacità di mettere a fuoco, come possono testimoniare le persone affette da diabete. Io credo che l'eliminazione di zuccheri artificiali dalla dieta e la scelta, al loro posto, di cibi sani possano aiutare a migliorare la vista. Anche essere sufficientemente idratati può aiutare la salute degli occhi (Bates E. 1929). Bevete abbastanza acqua per avere urine chiare (non giallo scure), e riducete al minimo alcol, caffè, te nero e bevande gassate, che vi disidratano.

Le carenze di nutrienti che possono essere connesse alla presbiopia sono: vitamine A, B_1, B_2, B_6, C ed E, oltre a glutatione, ferro, selenio e zinco (Weale 1989; Sardi 1994; Anshel 1999; Kaplan 1995). Un esame del sangue può rivelare la carenza di uno di questi nutrienti. Se fosse così, piuttosto che assumere integratori per il resto della vita, includete nella dieta uno o più alimenti che forniscano questi importanti elementi.

[14] La lista di alimenti integrali che segue sarà utile per guidarvi in una scelta consapevole sui cibi da assumere. Scegliete il più possibile cibi da alimenti vegetali freschi, locali e biologici.

Vitamina A:	verdure a foglia verde scura (cavolo, cime di rapa, foglie di cavolo rapa, spinaci, tarassaco, tutte le foglie verdi appartenenti alla famiglia delle Cruciferae), bacche di goji, paprika, peperone rosso, peperoncino rosso, patate dolci, carote, zucca varietà violina (*butternut* in inglese), lattuga, albicocche, melone cantalupo, prezzemolo, basilico, maggiorana, origano.

Vitamina B1:	spinaci, semi di girasole, fagioli, piselli, lenticchie, orzo, avena, asparagi, funghi porcini, semi di lino, cavoletti di Bruxelles, semi di sesamo, pinoli, pistacchi, noci di macadamia, noci pecan, semi di papavero, coriandolo, salvia, semi di senape, rosmarino, timo.
Vitamina B2:	spinaci, mandorle, semi di sesamo, pomodori essiccati, funghi porcini, asparagi, fagioli di soia, cereali in chicchi, peperoncino rosso, paprika, coriandolo, foglie di menta, prezzemolo.
Vitamina B6:	patate dolci, semi di girasole, semi di sesamo, spinaci, banana, peperoncino rosso, paprika, aglio, pistacchio, nocciole, tonno, tacchino, manzo, gallina, salmone.
Vitamina C:	peperoncino piccante, peperoni, guava, kiwi, arance, mandarini, fragole, papaya, broccoli, cavolo, foglie di cavolo rapa, crescione, cavolfiore, cavoletti di Bruxelles, timo, prezzemolo.
Vitamina E:	spinaci, semi di girasole, mandorle, arachidi, paprika, pinoli, peperoncino rosso, basilico, origano, albicocche, radice di taro.
Glutatione:	spinaci, broccoli, asparagi, patate, peperoni, carote, cipolle, avocado, zucca, aglio, pomodori, pompelmi, mele, arance, pesche, banane, meloni.
Ferro:	spinaci, bietole, zucca, semi di zucca, fagioli, lenticchie, melagrana, pomodori essiccati, semi di sesamo, anacardi, pinoli, nocciole, arachidi, mandorle, fagioli bianchi, molluschi, fegato, manzo, agnello, uova.
Selenio:	noci del Brasile, noci, semi di girasole, avena, legumi, tonno, manzo, pollame, uova.
Zinco:	semi di sesamo, semi di zucca, semi di anguria, arachidi, cavolo napa (detto anche cinese), cuori di palma, piselli, funghi shiitake, albicocche, pesche, prugne, uva, banane, fichi, more, lamponi, datteri, pomodori essiccati, avocado, carni rosse, granchi, ostriche.

Passo 3 Sommario – Iniziate da via Facile

- ✓ Usate le condizioni di lettura a voi più favorevoli in termini di luce, distanza, dimensione del carattere e un argomento avvincente.

- ✓ Fate pratica soprattutto alle distanze ottimali per un rapido miglioramento.

- ✓ Una nutrizione ottimale per i vostri occhi ottimizza la vostra probabilità di successo.

Passo 4. Riscaldiamoci per la visione da vicino

[15] È probabile che, da quando la vista diventa offuscata, abbiate sviluppato l'abitudine di tenere il testo più lontano dagli occhi. Questa è una tendenza comune, che al momento risulta pratica, ma in ultima analisi non utile, perché la visione da vicino non fa altro che peggiorare per il fatto che non viene usata. Si può allontanare progressivamente il materiale da lettura per far sì che le lettere compaiano nitide, e quando tale distanza sarà maggiore della lunghezza delle braccia, dovrete ricorrere agli occhiali. A quel punto, è molto probabile che guarderete raramente ancora qualcosa ad una distanza di pochi centimetri dagli occhi, poiché non vi aspettate più di vederla nitida. Ora state per invertire questa tendenza negativa!

Leggere la mano
Guardare il palmo della mano è meno probabile che vi induca a "cercare di vedere", come invece accadrebbe se guardaste delle lettere: in questo modo è più facile mantenere gli occhi rilassati durante la "lettura del palmo" della mano.

È facile da fare: guardate il palmo della mano in modo rilassato, sbattendo le palpebre regolarmente. Iniziate con il braccio steso e poi lentamente avvicinate la mano al naso. Muovete la mano da una distanza pari alla lunghezza del braccio fino al naso e indietro per una ventina di volte o più, sempre osservando i dettagli del vostro palmo. Questo stimolerà dolcemente i muscoli oculari.

Anche questo modo gentile di usare gli occhi può produrre inizialmente una sensazione di disagio nella zona della fronte o intorno agli occhi, quando la mano si avvicina. Se così fosse, non preoccupatevi: questa è una sensazione positiva che accade quando i muscoli poco usati vengono stimolati. Se è causa di fastidio, chiudete gli occhi e lasciate che la sensazione di indolenzimento vada via. Poi, restando ancora ad occhi chiusi, immaginate di guardare la mano muoversi avanti e indietro. Quando riuscite a fare questo senza disagio, continuate la pratica ad occhi aperti. Potreste aver bisogno di chiudere gli occhi regolarmente per evitare fastidio o tensione quando guardate da vicino, ma con la pratica quotidiana presto supererete questo problema.

Eseguite questa lettura della mano anche con un solo occhio alla volta, coprendo l'altro occhio con il palmo dell'altra mano. Non chiudete l'occhio coperto, mantenetelo aperto e lasciate che ammicchi insieme con quello che state usando per la pratica.

Se un occhio vede meglio dell'altro, cominciate la lettura della mano con l'occhio che ha vista migliore. Se entrambi gli occhi hanno un livello simile di visione offuscata, non ha importanza con quale occhio iniziate. Dopo che ciascun occhio ha eseguito un ciclo di venti o più ripetizioni, fatene un'altra sequenza di venti o più con entrambi gli occhi aperti. Nel caso abbiate un occhio con una visione più offuscata, fate in modo che venga stimolato per ultimo, prima di procedere con tutti e due gli occhi aperti. In questo modo l'occhio più debole è incoraggiato ad avere un ruolo uguale all'altro nella visione binoculare.

Incontri ravvicinati
Per il resto della giornata… usate la visione da vicino! Notate o immaginate i dettagli di qualunque cosa "si avvicini" ai vostri occhi: il cibo sulla forchetta mentre state mangiando, il bordo del bicchiere mentre bevete, la trama della federa del cuscino, i petali di un fiore che state odorando, il viso di una persona che vi abbraccia, eccetera. Ponendo più attenzione a tali "incontri ravvicinati" quotidiani potete re-imparare ad usare la vista da vicino senza sforzo.

Prendete in mano, quando ne avete voglia, qualcosa di familiare, meglio se un oggetto colorato senza testo stampato. Potrebbe essere una fotografia, ma un oggetto tridimensionale è ancora meglio: un fiore, una mela, una tazza… qualsiasi cosa vi piaccia. Portatelo al livello degli occhi e guardatelo mentre le vostre dita ne seguono i contorni: non sforzatevi di vederlo meglio, solamente osservate i colori, la forma e sentitene la consistenza ed il peso. Ammiccate dolcemente e spesso.

Portate questo oggetto ancora più vicino agli occhi, fino al punto in cui i dettagli diventano sfocati. Ignorate questa sfocatura. Invece, ricordate o immaginate come esso appare quando lo vedete chiaramente: chiudete gli occhi e godete della memoria della nitidezza, immaginate di vedere questo oggetto nitido tanto quanto il vostro ricordo o addirittura meglio proprio ora, a distanza ravvicinata. Poi aprite gli occhi.

[14] **Incontri ravvicinati in movimento**
Muovete tutt'intorno questo oggetto: a sinistra, a destra, in alto, in basso, diagonalmente, allontanatelo e avvicinatelo agli occhi e in qualsiasi altra

direzione vi piaccia. Fate anche dei grandi movimenti circolari attorno al bordo del vostro campo visivo periferico in entrambe le direzioni. Lasciate che tutto questo movimento sia scorrevole e continuate a guardare i vari dettagli mentre sbattete le palpebre e respirate in modo rilassato. Rilassate il collo e lasciate che la testa segua quando è necessario. Evitate di muovere il capo come un robot! Gli occhi e il naso non sono fatti per essere in perfetta sincronia di movimento! Lasciate che la testa segua gli occhi in modo naturale.

Sentitevi liberi di chiudere gli occhi e di seguire il movimento nella mente. Gli occhi risponderanno allo stesso modo sia quando sono chiusi sia quando sono aperti, così entrambi i modi sono una buona pratica per rilassare la visione da vicino.

Vicino fino al naso

Quando siete a vostro agio con questi incontri ravvicinati, potete persino esaminare la punta del naso. Quand'è stata l'ultima volta che l'avete guardato senza uno specchio?!? È una buona abitudine da sviluppare perché, permettere agli occhi di convergere fino a questo punto, richiede di lasciar andare qualsiasi tensione residua.

Pratica della memoria e dell'immaginazione

Questa pratica è un po' più avanzata, ma molto utile negli stadi iniziali. Usate entrambe le tabelle, sia quella piccola sia quella media (vedi pp. 145-147). Se la visione da lontano è sfocata, usate invece le tabelle media e grande.

Appendete la tabella più grande su una parete e mettetevi alla distanza dove la vedete meglio. Guardate la lettera "R" in alto sulla tabella grande, poi avvicinatevi e coprite gli occhi (fate *palming*) ricordando questa lettera R. Alternate il guardare la lettera R e il *palming*, cercando di ricordare la lettera finché la memoria della R è quasi uguale all'immagine che avete visto. Se non riuscite a ricordare l'intera R, potreste essere in grado di immaginare un piccolo punto nero che fa parte della lettera, cosa che funziona bene allo stesso modo.

Poi tenete in una mano la tabella più piccola e nell'altra un foglio di carta bianco. Tenete entrambi i fogli ad una normale distanza di lettura con le mani separate fra di loro trenta centimetri o più, oppure mettete entrambi i fogli sopra un tavolo di fronte a voi, distanti fra loro trenta o più centimetri.

Mentre ancora tenete a mente l'immagine della R, guardate la pagina bianca. Chiudete gli occhi (fate *palming* se usate un tavolo) e ricordate la R. Aprendo gli occhi guardate ancora la pagina bianca, ma portatela un po' più vicino alla tabella più piccola. Pian piano riducete la distanza fra la pagina bianca e la tabella più piccola, finché potete guardare direttamente la R vicina (tabella piccola) e immaginarla bene quanto la R distante (tabella grande) che voi ricordate. Quando ci riuscirete, la R vicina sarà più chiara e anche le altre lettere sulla tabella vicina diventeranno più nitide.

Usare la memoria e l'immaginazione per una vista migliore è uno dei modi più efficaci per rilassare lo sguardo. Lasciate che la mente faccia il lavoro e lasciate andare ogni sforzo fisico. Se non siete bravi a ricordare, all'inizio fate solo finta; la capacità di immaginare e ricordare migliorerà con la pratica.

[13] Bilanciate i vostri occhi
Quando un occhio vede meglio dell'altro (condizione chiamata anisometropia, che è comunemente associata alla presbiopia come citato in Weale 2003), è bene dare all'occhio con la visione più offuscata la possibilità di mettersi alla pari. Ci sono parecchi modi per raggiungere il bilanciamento visivo e idealmente i

metodi scelti dovrebbero essere personalizzati sui bisogni individuali specifici. Per restare nell'ambito di questo libro, vi offro due pratiche di base che potete eseguire facilmente da soli.

Un approccio comune è coprire l'occhio con vista migliore per pochi minuti con una benda. Scegliete un qualsiasi modo che vi piaccia tra quelli descritti in questo libro per incoraggiare l'occhio non coperto a rilassarsi. Usate quelle che per voi sono le condizioni più favorevoli e lavorate sul confine della zona di offuscamento di questo occhio, oltre che al punto prossimo, per un rapido miglioramento.

Se siete come me, la perdita di parte del campo visivo che deriva dal mettersi una benda può essere davvero frustrante. Per ovviare a questo problema taglio un foro sulla benda. Questo permette all'occhio, ora coperto in modo parziale, di prendere parte al processo della visione, anche se solo nel campo periferico. L'occhio resta coperto nella parte più vicina al naso, assicurando così che l'occhio libero sia chiamato a mettere a fuoco l'oggetto del vostro interesse.

Un altro modo eccellente per migliorare la vista di un occhio è coprire quello con la visione più offuscata con il palmo della mano e guardare un oggetto familiare con l'occhio migliore alla distanza dove lo vedete al meglio. Notate i dettagli dell'oggetto, i colori e la forma. Adesso chiudete entrambi gli occhi e ricordate i dettagli, i colori e la forma. Mentre entrambi gli occhi sono chiusi, spostate le mani a coprire l'occhio migliore. Poi aprite entrambi gli occhi (il migliore ora è coperto) e guardate ancora l'oggetto. Ignorate l'offuscamento e ricordate i dettagli che l'occhio migliore ha visto. Potrete scoprire che questo migliora l'immagine.

Con la pratica regolare delle tecniche di bilanciamento oculare entrambi gli occhi inizieranno a vedere con uguale limpidezza.

Passo 4 Sommario – Riscaldiamoci per la visione da vicino

- ✓ Godetevi gli incontri ravvicinati! Cogliete tutte le opportunità per guardare oggetti familiari vicini al vostro viso. Sia che guardiate il palmo della mano o il cibo sulla forchetta, fate attenzione ai dettagli senza sforzarvi.

- ✓ Praticate la memoria e l'immaginazione usando due tabelle e un foglio bianco che colmi il divario tra la nitidezza da lontano e la nitidezza da vicino.

- ✓ Bilanciate gli occhi così che entrambi possano vedere con uguale nitidezza.

Passo 4. Riscaldiamoci per la visione da vicino

Passo 5. Entrate nello Swing (Oscillazione)

[13] Quando la visione è normale, gli occhi sono in costante movimento. I movimenti dell'occhio sono per la maggior parte piccoli, fluidi, estremamente rapidi, non evidenti e compiuti senza sforzo. Le persone con visione offuscata, al contrario, hanno come peculiarità movimenti dell'occhio più lenti, a scatti e fatti con sforzo. Quando guardate una lettera e la vedete offuscata, potreste essere tentati di guardarla più a lungo facendo uno sforzo per vederla meglio. Fissare in questo modo causa una grande tensione per gli occhi, ed è un'abitudine che dovete davvero abbandonare presto.

****
I movimenti dell'occhio sono per la maggior parte piccoli, fluidi, estremamente rapidi, non evidenti e compiuti senza sforzo.
****

Come riguadagnare il movimento naturale dell'occhio? Il vostro interesse per i dettagli è il principale fattore che fa muovere gli occhi. Essi seguono la mente: si spostano non appena l'attenzione si sposta. È questo spostamento dell'attenzione che provoca il movimento oculare senza sforzo. Potete lasciare che gli occhi si spostino velocemente e con facilità per tutto il giorno, grazie all'attenzione per i dettagli.

Può volerci un po' di tempo per perdere l'abitudine a fissare, perché forse lo fate senza notarlo. Per fortuna ci sono sei facili trucchi che potete usare dappertutto e in qualsiasi momento, e che sono capaci di ridurre drasticamente la tendenza a fissare.

- **Movimento della pagina**. Il primo trucco è muovere la pagina. Un movimento gentile da lato a lato o circolare del testo incoraggerà anche gli occhi a muoversi, perché ora il loro punto d'interesse è in movimento ed essi vorranno seguirlo! Questo movimento aggiuntivo degli occhi fornisce un immediato soccorso alla tendenza a fissare, sforzarsi a cercare di vedere.

Quando notate che gli occhi sono in tensione o quando riappare la visione offuscata, liberatevene velocemente con qualche movimento della pagina. Un centimetro da lato a lato andrà bene. Un centimetro più vicino e più lontano va pure molto bene, ed è anche possibile combinare il movimento destra-sinistra con quello vicino-lontano per un maggiore effetto.

[14] Un movimento continuo e senza sforzo è essenziale per una vista sana, e quando ve ne sarete impadroniti, non avrete più bisogno di muovere la pagina, perché i vostri occhi torneranno a spostarsi felicemente per conto proprio.

- **Movimento della testa**. È un altro eccellente aiuto per colpire il demone dello sguardo fisso. Muovete appena il capo, leggermente, mezzo centimetro da lato a lato mentre leggete. Questo può già fare la differenza fra lo sforzarsi di vedere e leggere in modo agevole. Una buona postura aiuterà, perché allenta la tensione del collo.

  Il miglior modo è lasciare che la testa segua a sinistra quando la vostra attenzione e i vostri occhi si muovono a sinistra, e a destra quando gli occhi si muovono a destra. Fare l'opposto può causare tensione, così lasciate che la testa segua gli occhi.

  Provatelo da voi: mantenete di proposito il capo fermo mentre leggete un po' di paragrafi. Riuscite a notare come gli occhi si sentono meno a loro agio? Quando il collo è sciolto e al capo è permesso di essere in movimento, anche solo leggermente, gli occhi si sentono molto meglio.

- **Oscillazione laterale entro dieci centimetri dal viso**

  Tenete questa pagina (o qualsiasi testo che vogliate leggere) di traverso di fronte agli occhi, a non più di dieci centimetri dal viso. Accettate qualsiasi offuscamento e semplicemente guardate dal bordo bianco sulla sinistra del foglio al bordo bianco a destra. Scorrete le linee verticali del testo senza cercare di leggerle. Siate interessati soprattutto allo sfondo bianco e notate solo l'alternanza di bianco e nero.

[13] Per un movimento continuo e facile, permettete agli occhi di seguire un immaginario segno dell'infinito(∞). Lasciate che la testa segua dolcemente l'attenzione che si sposta dal lato sinistro della pagina a quello destro e viceversa. Se vi sembra più facile un movimento circolare o ellittico, fate pure. La forma non ha importanza, il segreto è lasciare che il movimento sia continuo e senza sforzo. Assicuratevi di seguire con la mente la forma immaginata, non immaginate di vederla sulla pagina, perché questo produce sforzo.

Ammiccate delicatamente e aprite la consapevolezza del campo visivo periferico per includere lo sfondo intorno alla pagina. Notate come sembra che la pagina oscilli da lato a lato nella direzione opposta alla testa: lasciate che questa percezione di movimento apparente renda più profonda la sensazione di rilassamento.

Aiutate questo senso di movimento e muovete la pagina da lato a lato, con dolcezza e tranquillità, nella direzione opposta rispetto al movimento del capo.

Per risultati migliori tenete la pagina entro dieci centimetri di distanza e non lasciate che si allontani furtiva dagli occhi.

Praticate in questo modo dai tre ai cinque minuti (sentitevi liberi di farlo più a lungo, se vi piace!), e poi mettete la pagina verticale tenendola alla vostra normale distanza di lettura. Il testo vi sembra più chiaro ora?

> [12] Josephine si regalò una lezione di visione naturale per il suo quarantaquattresimo compleanno. Le diedi una pagina da guardare con caratteri standard, e le parve offuscata. Dopo aver praticato questa tecnica di rilassamento per cinque minuti, guardò la stessa pagina nuovamente, alla stessa distanza, e domandò: "Dov'è la pagina con la stampa offuscata?". Il testo le sembrava ora perfettamente nitido.
>
> Anche Cara, sessantotto anni, quando usò questa tecnica per la prima volta, notò che migliorava la sua visione, così decise di dedicarle più tempo. Rilassò gli occhi sempre di più guardando una tabella di pratica di lettura (p. 159) tenuta di traverso davanti agli occhi. Dopo venti o venticinque minuti, scoprì che poteva riconoscere facilmente tutte le lettere, tenendo la tabella a dieci centimetri di distanza!

[14] **Importante:** se in qualunque momento gli occhi vi fanno male o sentite un po' di tensione attorno ad essi, chiudeteli per farli riposare finché la tensione non scompare.

- Poi, fate un'**oscillazione da vicino verso lontano**. Lo scopo è guardare un testo stampato a una distanza variabile, passando dalla nitidezza all'offuscamento e viceversa. Come la lettura del palmo, questa pratica stimola dolcemente i muscoli degli occhi, a patto che non facciate alcuno sforzo per vedere nitidamente nella vostra zona d'offuscamento.

  <u>Cominciate alla distanza più favorevole per voi.</u>
  Se la visione nitida comincia alla distanza uguale o maggiore di un metro, utilizzate la tabella media o grande ed appendetela alla parete, mettendovi di fronte ad essa alla distanza dove la vedete al meglio. A questo punto mettete un piede avanti (più vicino alla tabella) e l'altro indietro e portate il corpo in avanti, in modo che la tabella venga a

trovarsi nella vostra zona d'offuscamento. Poi tornate indietro verso la zona di visione nitida e continuate così avanti e indietro per alcuni minuti.

Se il vostro punto di visione nitida si trova ad una distanza non superiore alla lunghezza del vostro braccio, prendete in mano la tabella piccola o media e muovetela avanti e indietro, fuori e dentro la zona d'offuscamento mentre osservate solo i cambiamenti che questo movimento produce alle lettere stampate.

Continuate ad ammiccare senza fare sforzi per rendere nitide le lettere offuscate quando la tabella si avvicina. Se avete la tendenza a cercare di vedere le lettere, allora lasciate che l'attenzione si sposti sullo sfondo bianco. L'idea è quella di guardare la tabella con interesse, ma senza sforzo.

Per variare e divertirsi, fate pratica dell'oscillazione dal punto prossimo al punto distante mentre guardate la foto preferita della persona amata! O invitate questa persona a farlo davvero con voi… Buon divertimento!

Potete anche usare due tabelle: una grande sulla parete ed una piccola in mano. Prestate attenzione prima ad una lettera della tabella appesa al muro e poi alla stessa lettera sulla tabella che avete in mano. Ripetete in questo modo per cinque o più minuti. Il movimento costante vi aiuterà a rilasciare la tensione causata dallo sguardo fisso e potrete scoprire che le lettere vicine diventano progressivamente più nitide.

- Adesso fate un'**oscillazione della lettera**. Guardate nuovamente la lettera R grande in cima alla tabella. Lasciate che l'attenzione si sposti a sinistra della tabella rimanendo consapevoli della posizione della R alla vostra destra, poi allo stesso modo andate a destra della tabella e notate che la R è ora a sinistra del vostro sguardo.

Assicuratevi di lasciare che gli occhi e il capo seguano gli spostamenti dell'attenzione. Andate avanti e indietro per un minuto in maniera fluida e tranquilla. Mentre fate così, immaginate che invece di essere voi a spostare l'attenzione da un lato all'altro, sia la lettera ad oscillare da un lato all'altro. Questo può essere impegnativo all'inizio, ma un po' di pratica darà i suoi risultati! Il trucco è mantenere la consapevolezza della posizione della R, non della sua nitidezza. Può essere d'aiuto chiedervi continuamente: "dov'è ora la R?".

Lasciate che questo movimento apparente della lettera continui, e notate come l'intera tabella oscilli con lei. Giocate con varie ampiezze e velocità di oscillazione e osservate se la percezione dell'oscillazione riduce la tensione gli occhi.

Se vi sembra che la R oscilli facilmente, spostatevi sulle righe successive più in basso nella tabella per far oscillare le lettere più piccole. Riducete l'ampiezza della vostra oscillazione da lato a lato con le lettere più piccole. Per esempio, spostatevi dalla A alla D di U A R D O per vedere oscillare la lettera R. Lo spostamento dovrebbe essere abbastanza ampio da produrre un'oscillazione, ma sufficientemente corto da renderlo appena percettibile.

Riuscite a fare l'oscillazione della lettera ad occhi chiusi e ricordare il movimento della tabella?

Riuscite a farlo più vicino agli occhi con lettere più piccole?

- [13] Siete pronti per **un'oscillazione universale**. Chiudete gli occhi e ricordate (o immaginate) la più piccola lettera "o" che avete mai visto. Può essere così: o oppure o oppure anche così o oppure ..

- Immaginate questa piccola lettera o con il centro bianco come il sole e la linea di contorno di un nero intenso. Quando il centro bianco è il più brillante possibile, immaginate che la lettera si muova e che tutti gli oggetti circostanti si muovano con essa, non importa quanto grandi o piccoli siano.

Aprite gli occhi e continuate ad immaginare questa oscillazione universale dove ogni cosa è in movimento. Questo incoraggia i vostri occhi a spostarsi continuamente e fluidamente, nel modo in cui essi amano muoversi.

Alternate l'immaginazione dell'oscillazione ad occhi aperti e poi chiusi. Quando l'immaginazione è buona ad occhi aperti come ad occhi chiusi, la vostra vista sarà molto migliorata!

Non leggete carta stampata?
Ai nostri giorni molte persone leggono più sugli schermi dei computer che sulla carta, ed è probabile che questa tendenza continui. A meno che lo schermo non sia piccolo e portabile, muovere la "pagina" non è così semplice come muovere un pezzo di carta o un libro in mano.

Per fortuna esiste un software che crea movimento sullo schermo. Il programma si chiama Swing Windows (solo per PC). Potete trovare il link per scaricarlo gratuitamente su www.visionsofjoy.org.

In alternativa, oscillate di poco e dolcemente la testa o la parte superiore del corpo da lato a lato mentre lavorate al computer. Anche questo interromperà ogni tendenza a fissare. Nel campo visivo periferico lo schermo sembrerà muoversi nel senso opposto al vostro movimento. Continuate ad ammiccare e fate delle pause regolari, per distogliere lo sguardo dallo schermo, guardando brevemente in lontananza o chiudendo gli occhi.

Passo 5 Sommario - Entrate nello swing (oscillazione)

- ✓ Il movimento della pagina e il movimento della testa incoraggiano il movimento rilassato dell'occhio.

- ✓ Notate il movimento apparente degli oggetti nel campo visivo periferico.

- ✓ Oscillate da vicino a lontano: guardate i dettagli che si muovono dentro e fuori della vostra zona di offuscamento.

- ✓ Notate il movimento apparente, l'oscillazione universale, tutto il giorno.

Passo 6. Più piccolo è meglio

[14] La struttura anatomica dell'occhio gli permette di vedere al meglio una piccola area posta al centro del suo campo visivo. La visione periferica (il resto del campo visivo) non ha lo stesso alto livello di limpidezza come questo punto centrale.

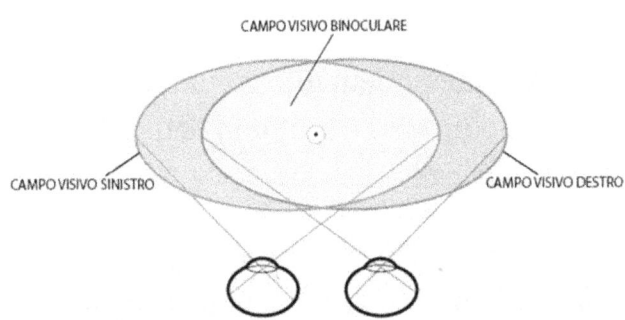

[13] Questa immagine assomiglia in modo approssimativo al campo visivo quando entrambi gli occhi sono sani. Il bordo superiore del campo visivo è creato dalle sopracciglia mentre le guance formano il bordo inferiore.

Il cerchio bianco al centro rappresenta la regione della macula della retina: un'area di visione relativamente nitida. Il punto nero all'interno del cerchio della macula rappresenta il campo visivo della "fovea centralis" della retina, il punto di massima limpidezza dove la visione è nitidissima.

Se cercate di vedere nitidamente con la visione periferica (qualsiasi cosa al di fuori del punto nero), producete uno sforzo visivo. Sapete già che la presbiopia è causata da una tensione e si cura con il riposo. Oltre al riposo totale prodotto dal *palming* (Passo 2), gli occhi si riposano con il movimento (vedi il Passo precedente) e lasciando che resti nitido solo il centro del campo visivo.

Il termine medico per descrivere questo è "fissazione centrale", il suo contrario è la "fissazione eccentrica".

****
Oltre al riposo totale prodotto dal *palming*, gli occhi si riposano con il movimento e lasciando che resti nitido solo il centro del campo visivo.
****

[14] Come oculista, Bates conosceva bene questi termini e li usò frequentemente. Per la gente comune è utile una breve spiegazione:

"fissazione centrale" significa che gli occhi puntano direttamente al dettaglio che volete vedere e voi vedete quel dettaglio centrale meglio di qualsiasi altra cosa nel campo visivo. Se spostate l'attenzione lontano da questo dettaglio, anche solo di poco, lo vedrete meno chiaro di quando lo guardate direttamente.

Se invece gli occhi non puntano direttamente al dettaglio a cui siete interessati, o se un punto periferico è visto meglio rispetto al dettaglio che guardate, allora si ha la "fissazione eccentrica".

Bates scoprì che si può ottenere la fissazione centrale con la pratica. Per le persone con presbiopia, raccomandava di cominciare con una normale tabella posta a tre o sei metri.

E allora cominciamo da qui, e poi pian piano ci eserciteremo a distanze più ravvicinate.

- Collocate la tabella media a tre metri. Se non leggete facilmente la riga 10 a tre metri usate la tabella più grande a quattro metri e mezzo o sei.

- Cominciate mantenendo una postura eretta e lasciate che il respiro avvenga naturalmente e senza sforzo. Ammiccate con regolarità (almeno una volta per riga) e chiudete gli occhi o fate *palming* per farli riposare tanto quanto ne hanno bisogno, con ogni probabilità più di quanto pensate!

- Adottate un atteggiamento rilassato del tipo "let it be", senza "cercare" di vedere nitidamente.

- Notate il quadratino nero a sinistra della grande lettera R in alto. Quanti quadratini come quello ci vogliono per fare la R? Provate ad indovinare!

  Mentre li contate, notate che la parte a cui rivolgete l'attenzione è vista più nera rispetto a qualsiasi altra parte della R ed è più nitida rispetto al resto della lettera. Quando guardate alla parte in basso e a sinistra della R, la parte più alta a destra non si vede con la stessa chiarezza. Vero?

  Se non ne siete sicuri, chiudete gli occhi e pensate ad un oggetto nero che avete già visto e tenete gli occhi chiusi finché li sentite riposati. Quando li riaprite, notate che la parte più nera della lettera è quella a cui state prestando attenzione. Il resto della lettera sembrerà leggermente meno nero o meno distinto.

  Ora provate a fare il contrario: invece di immaginare che vedete al meglio il punto centrale, immaginate di vedere la periferia in modo meno distinto. *Permettete* alle parti della tabella che non state guardando di essere meno chiare. Ciò renderà senza sforzo l'atto divedere la parte centrale più nitidamente e, così facendo, potrete conseguire la nitidezza centrale senza sforzo.

- Quando siete capaci di vedere meglio una parte della lettera più grande, passate alle lettere più piccole e fate la stessa cosa; vedete o immaginate che una parte di ciascuna lettera sia nerissima e nitidissima e il resto della lettera meno chiaro.

- Per essere sicuri che ciascun occhio faccia progressi, copritene uno alla volta e prendete consapevolezza che vedete meglio solo là dove state guardando. Permettete alla visione di essere meno nitida tutt'intorno a questo punto di limpidezza centrale.

- Quando ciascun occhio è capace di vedere meglio una parte di una piccola lettera rispetto al resto della stessa lettera, avvicinatevi alla tabella fino alla distanza in cui vedete facilmente il punto dell'ultima riga della tabella. Immaginate che sia nitidissimo e nerissimo quando vi ponete attenzione, poi spostate lo sguardo alle lettere che gli sono accanto: accadrà che il punto non sarà più nitido come quando lo guardavate direttamente.

  All'inizio potrebbe accadere che dobbiate spostarvi di un po' di lettere prima di vederlo peggio. Poi riducete la distanza fino alla lettera che è accanto al punto, e notate come questo resta meno nitido rispetto a quando lo guardate direttamente.

  Quando la nitidezza centrale alla distanza ottimale è migliorata, fino a riuscire a vedere il punto meno chiaramente quando guardate accanto ad esso, allora è tempo di notare la nitidezza centrale ad una distanza ravvicinata ai vostri occhi.

  Posizionate la tabella media in modo che sia abbastanza vicina da vederla lievemente offuscata ma nello stesso tempo anche facilmente leggibile, e ricominciate con la grande lettera R. Notate che parte della lettera grande è più nera e più nitida del resto della lettera che non state guardando.

- Gradualmente passate a notare una parte nerissima nelle lettere più piccole a questa distanza. Quando ciò vi è facile, portate la tabella più vicino a voi, anche solo due centimetri alla volta, e ripetete questa pratica di consapevolezza della nitidezza centrale.

- [13] Applicate la stessa tecnica al punto prossimo con la tabella più piccola (p. 149) o con il punto al centro di questa matrice numerica.

    0987654567890
    098765434567890
    09876543234567890
    0987654321234567890
    0987654321•1234567890
    0987654321234567890
    09876543234567890
    098765434567890
    0987654567890

Quando coprite un occhio con il palmo della mano e guardate il punto centrale, che cosa vedete meglio? Il punto o qualcuno dei numeri intorno ad esso? Se vedete meglio il punto, state vedendo con fissazione centrale.

Se vedete meglio uno dei numeri anziché il punto, spostatevi verso quel numero e notate come il punto perda in nitidezza.

- Per migliorare la nitidezza centrale, iniziate a notare piccoli dettagli mentre permettete alla visione periferica di essere meno distinta. Osservate la dimensione della pupilla nell'occhio di qualcuno e notate come il sopracciglio sia un po' sfocato. Verificate in quale direzione crescono i peli delle sopracciglia e notate che la pupilla ora è meno chiara. Scendete nei particolari: guardate il colore cambiare gradatamente nel petalo di un fiore, la trama del tessuto nei vestiti… Immaginate che i dettagli, dovunque si presentino, siano ansiosi di essere notati dalla vostra attenzione che si muove rapidamente. Tutte le volte, notate dettagli più piccoli, sia da vicino sia da lontano.

[14] Attenzione alla trappola della visione tunnel!

Anche se la visione più nitida è al centro del campo visivo, badate a non cadere nella trappola della visione tunnel. La visione periferica non sarà mai chiara come il punto centrale di nitidezza, ma tutto quello che percepite è importante! Quando perdete la consapevolezza periferica e vi tuffate nella visione tunnel, aumenta la tensione negli occhi.

Mantenete sempre una consapevolezza rilassata delle cose che vi circondano, anche mentre leggete. Questo non solo riduce lo sforzo, ma favorisce anche brevi ma cruciali sguardi lontano dal testo, mini-pause riposanti per gli occhi.

TV non vuol dire Tunnel Vision
È ancora più importante restare consapevoli del campo visivo periferico mentre guardate la TV, usate un computer o qualsiasi schermo retroilluminato. Tali schermi sono una sfida aggiuntiva per gli occhi, perché li costringono a mettere a fuoco puntini di luce. Convergere gli occhi, ossia puntare gli occhi sui dettagli che desiderate vedere, non è più difficile se fatto su uno schermo, ma mettere a fuoco alla giusta distanza quando si guarda un punto di luce piuttosto che una superficie di carta, non è così facile. L'informazione che il cervello raccoglie dalla visione periferica gli permette di paragonare la distanza dallo schermo alla distanza degli oggetti solidi che sono nelle vicinanze, così da stimare meglio la distanza focale richiesta. Ridurre la luminosità dello schermo può alleviare un po' di stress agli occhi.

E-reader
Con la tecnologia che avanza rapidamente e che determina ogni mese la comparsa di nuovi strumenti elettronici sul mercato, è possibile che usiate uno o più dispositivi con uno schermo digitale, e che possiate essere curiosi sulle conseguenze del loro uso in caso di lettura prolungata. Molti di questi strumenti hanno uno schermo retroilluminato che causa le stesse sfide di visione che provocano gli schermi dei computer e della TV: essi perciò richiedono la vostra attenzione a restare visivamente rilassati.

Alcuni E-reader usano una differente tecnologia di schermo; questi monitor offrono un'esperienza di lettura che assomiglia di più a quella su carta. Tali schermi ad "inchiostro elettronico" sono più accettabili per gli occhi, specialmente sotto la luce naturale o brillante.

L'opzione di ingrandire o ridurre facilmente il carattere sul video è un bonus utile. Un testo ingrandito può aumentare il tempo di lettura senza occhiali, e potete sfruttare ancora meglio la possibilità di regolare la dimensione del carattere realizzando un micro carattere personalizzato per la pratica di rilassamento (vedi Passo 9).

Per ora, mentre state ancora imparando a mantenere rilassati gli occhi, gli schermi retroilluminati possono essere una sfida per la vista, e ridurne l'uso temporaneamente può accelerare il progresso verso la visione nitida. Quando usate questi strumenti, continuate ad ammiccare, restate consapevoli della visione periferica e del movimento (vedi p. 71), regolate la luminosità dello schermo e la dimensione del carattere ai vostri livelli preferiti, e fate moltissime pause.

Passo 6 Sommario – Più piccolo è meglio

✓ La visione centrale è il vostro unico punto di totale nitidezza; la visione periferica non è nitida allo stesso modo.

✓ Mantenete l'interesse per i dettagli mentre restate consapevoli dell'intero campo visivo, in armonia con la struttura anatomica degli occhi pensata dalla Natura.

Passo 7. Benedetti Aloni!

[14] Probabilmente non ci avete mai pensato, ma la superficie di una pagina stampata ha molto più spazio bianco che inchiostro nero. Questo fatto può essere usato a vostro vantaggio.

Quando guardate le lettere nere, siete automaticamente tentati di metterle a fuoco e di fare uno sforzo per vederle meglio. Per contro, guardare gli spazi bianchi è più riposante: non c'è bisogno di sforzarsi per mettere a fuoco il bianco. Pertanto, migliorare il candore della pagina immaginando gli spazi bianchi di un bianco perfetto è molto più facile che migliorare la nitidezza delle lettere nere. La cosa bella di questa faccenda è… ESATTO! Le lettere appaiono più nere!

Guardate gli spazi bianchi di questa pagina. Vedete variazioni nella luminosità del bianco? Se è così, quale area sembra più bianca? Per me, i margini appaiono meno brillanti del bianco che si trova dentro e attorno alle lettere. Per vedere questa differenza potreste aver bisogno di tenere la pagina alla vostra distanza migliore e di usare una luce brillante.

[13] Chi possiede una buona vista, vede o immagina gli spazi bianchi dentro e attorno alle lettere come bianchi, anche più bianchi di quello che sono veramente, mentre voi vedete questi spazi al momento grigi, offuscati o indistinti. Non c'è nessun grigio stampato lì. A meno che un bimbetto con in mano una penna non sia riuscito per primo a scarabocchiare questa pagina, il grigio esiste solo nella vostra mente, non nella realtà. Allora cambiamo quello che è nella vostra mente e vediamo quello che accade nella realtà.

Fate pratica con questa pagina o con qualsiasi altro testo che vi piaccia, e lasciate che la vostra attenzione vaghi attorno agli spazi bianchi sulla pagina. Guardatene il bordo, controllate i margini, seguite le strisce bianche fra le righe del testo, e notate gli spazi bianchi fra le lettere e dentro di esse.

Ora chiudete gli occhi e immaginate questi spazi bianchi perfettamente bianchi. Ricordateli uno alla volta e lasciate che siano di un bianco extra nella vostra immagine mentale. Poi aprite gli occhi, guardate il bianco e ricordate quanto bianco lo avete appena immaginato.

Ripetete per un po' di volte. I vostri occhi si rilasseranno di più quando non c'è bisogno di mettere a fuoco le lettere, ed è probabile che l'aspetto globale della pagina migliori.

A questo punto potreste cominciare a notare qualcosa di piuttosto peculiare… gli "aloni" attorno alle lettere:

- Guardate la lettera O sulla quarta riga della tabella media. Tenetela ad una distanza dove la vedete meglio e con luce ottimale. Forse notate che il bianco dentro la lettera O sembra più bianco del resto della tabella. Notate che la O sembra anche avere un "alone" sottile di bianco più brillante attorno a sé? Questa illusione dell'alone compare perché la mente interpreta il bianco come più bianco quando è accostato al nero, ed è dovuta al contrasto che il nero produce.

  Se ancora non vedete un alone bianco più brillante, chiudete gli occhi e pensate a qualcosa di puro bianco, come la neve fresca illuminata dal sole, la vernice bianca brillante, o qualsiasi ricordo nitido che avete di una superficie bianca splendente. Rilassatevi mentre riportate alla memoria il ricordo di un bianco puro per mezzo minuto o di più.

  Aprite gli occhi per un secondo e immaginate questo splendido bianco brillante dentro e attorno alla O. Alternate per alcuni minuti il riposo ad occhi chiusi a brevi aperture degli occhi, mentre immaginate che gli aloni siano presenti e di un bianco brillante. Fatelo in modo davvero rilassato, senza sforzo, finché non riuscite ad immaginare o a vedere il bianco molto più bianco di prima.

- Quando siete capaci di immaginare l'alone bianco brillante dentro e attorno alla lettera O, potete immaginare di vedere simili aloni dentro e attorno alle altre lettere sulla tabella?

Quanto migliore è l'immaginazione dell'alone,
tanto migliore è la vista.

- Quando potete facilmente immaginare l'alone, mettete la tabella più vicino, appena all'interno della vostra zona d'offuscamento. Accettate questo offuscamento come se fosse un amico, lasciate che stia lì. Spostate la consapevolezza su come si sentono gli occhi e lasciateli riposare rilassati. Sbattete le palpebre senza sforzo, e spostate con calma lo sguardo attraverso la pagina. Lasciate che l'attenzione si soffermi per lo più sugli abbondanti spazi bianchi della pagina e gli aloni delle lettere, cosa che incoraggerà gli occhi a mettere a fuoco senza sforzo.

Per evitare la tentazione di guardare il nero della stampa, fate finta di essere degli esperti di qualità della carta. Siete estremamente interessati alla trama della pagina bianca e non ve ne importa un bel niente dell'inchiostro nero aggiunto dal tipografo… Questa nuova prospettiva vi cambia la visione?

- Ritornate a questa pagina e lasciate che l'attenzione scivoli attraverso questa serie di O:

. . ∘ ∘ o o O O O **O O O** O O O O o o ∘ ∘ . .

Ricordate: accettate qualsiasi offuscamento. Guardate solamente il bianco dentro e attorno alle O e lasciate che gli occhi si spostino tranquillamente avanti e indietro lungo questa riga.

- Spostate l'attenzione dagli aloni nella serie di O agli aloni delle lettere sulla tabella di pratica media ripetendolo diverse volte. Fate attenzione solo agli aloni.

- Adesso prendete la tabella per la vista da vicino (la tabella di pratica piccola) e tenetela tra i dieci e i quindici centimetri circa dal viso. Accettate l'offuscamento. Guardate solo il bianco fra le righe e permettete agli occhi di spostarsi facilmente attraverso gli spazi bianchi.

  La vostra sensazione di rilassamento a questo punto è importantissima. Restate consapevoli di come gli occhi si sentono, lasciate andare ogni tensione o ogni tentativo di vedere le lettere più nere. Questo può creare maggiore offuscamento all'inizio. Va tutto bene. Semplicemente restate il più possibile rilassati. Potete sempre guardare lontano per evitare la tensione. Guardate abbastanza lontano e abbastanza a lungo finché gli occhi non sono completamente rilassati. Pian piano ritornate a guardare più vicino finché riuscite a guardare gli spazi bianchi dentro e attorno alle lettere con facilità. Quando vi rilassate ad un livello più profondo, la visione migliora a tutte le distanze.

- Dopo alcuni minuti di rilassamento con gli aloni da vicino, ritornate alla tabella media e tenetela ad una distanza appena inferiore a quella della precedente zona di offuscamento. Vi sembra più facile leggerla ora?

  Sapete che le lettere sono stampate con inchiostro nero: quindi immaginate che sono nere, piuttosto che grigiastre come vi possono sembrare. Questo sarà facilissimo quando immaginerete aloni bianchi più brillanti.

[13] **Suggerimenti**:

Scoprirete che in ogni Passo del percorso la memoria e l'immaginazione sono i vostri più grandi alleati per migliorare la visione. Quando testate la vista leggendo le lettere piccole, tendete a fallire perché fate uno sforzo. Quando invece verificate la vostra immaginazione, è molto meno probabile che compiate uno sforzo. Potete guardare una parete bianca, poi chiudere gli occhi, e immaginare di vedere una superficie bianca. Per migliorare questo bianco basta applicare un po' di vernice bianca, brillante e immaginaria! Trasferire il bianco candido, così facilmente immaginato, agli aloni attorno alle lettere è un semplice trucco della mente. Purché non usiate alcuno sforzo, diventerete presto capaci di immaginare spazi bianchi brillanti anche lì.

ALONI

[14] "Gli occhi, quando leggono perfettamente,
non guardano direttamente le lettere,
ma gli spazi bianchi o aloni" (Bates 1925a).

[12] Quando le persone con vista normale guardano le lettere grandi sulla tabella di controllo Snellen, a qualsiasi distanza, da sei metri fino a quindici centimetri o meno, vedono, ai bordi interni ed esterni e nel centro delle lettere rotonde, un bianco più intenso di quello al margine della tabella. Allo stesso modo, quando leggono caratteri piccoli, gli spazi fra le righe e le lettere e le aperture delle lettere appaiono più bianchi del margine della pagina, mentre si possono vedere strisce di un bianco addirittura più intenso lungo i bordi delle righe di lettere.

Si può dimostrare che si tratta di un'illusione. Noi non vediamo illusioni, le immaginiamo solamente. Quando gli spazi bianchi fra le righe appaiono più bianchi del margine della pagina, chiamiamo questi spazi bianchi "aloni".

Questi "aloni" qualche volta sono visti così vividamente che per convincere le persone che sono illusioni è spesso necessario coprire le lettere, ed essi così scompaiono immediatamente.

La maggior parte di noi crede di vederli, ed è molto difficile per molte persone capire che non sono visti, ma solo immaginati. Gli aloni potrebbero essere definiti come il legame di connessione fra l'immaginazione e la vista. Vedere gli aloni vuol dire migliorare l'immaginazione, di conseguenza anche la visione delle lettere risulta migliorata.

Anche le persone con vista imperfetta possono vedere gli aloni, sebbene meno perfettamente, e quando capiscono che sono immaginati, spesso diventano capaci di immaginarli dove non sono mai stati visti prima, o di aumentarne la vividezza, nel qual caso la vista migliora sempre.

Questo si può fare immaginandoli dapprima ad occhi chiusi, e poi guardando la tabella, o i caratteri piccoli, e immaginandoli lì. Alternando queste due azioni di immaginazione la vista spesso migliora rapidamente.

Si può quindi migliorare la vista per leggere non guardando alle lettere, ma migliorando l'immaginazione degli aloni. Guardare le lettere porta molto presto ad una tensione e il risultato è una vista imperfetta.

Guardare gli spazi bianchi e migliorare il loro candore fa bene all'immaginazione e alla vista. Non si possono leggere caratteri piccoli a meno che non si immaginino gli aloni.

La miglior cosa è cominciare la pratica al punto dove gli aloni sono visti, o possono essere immaginati meglio. Le persone miopi sono di solito capaci di vederli da vicino, talvolta in modo molto vivido. Anche le persone ipermetropi possono vederli benissimo a questa distanza, sebbene per loro la visione della forma possa essere al meglio da lontano.

Con la pratica si diventa capaci di immaginare o di vedere gli aloni perfettamente — migliore immaginazione, vista migliore (Bates 1920b e 1925b).

Passo 7 Sommario – Benedetti Aloni!

- ✓ Per ridurre lo sforzo visivo, vedete o immaginate gli spazi bianchi dentro e attorno alle lettere nere di un bianco brillante.

- ✓ Ricordare o immaginare qualcosa di bianco splendente aiuta a percepire meglio gli aloni nel testo scritto.

Passo 7. Benedetti Aloni!

Passo 8. Fatevi guidare dalla linea luminosa

[15] Mentre vi abituate ad immaginare gli aloni bianchi attorno alle lettere e migliora la vostra capacità di farlo, potrete anche iniziare a notare che questi aloni si mescolano insieme e formano un nastro bianco brillante sul quale le lettere nere sembrano appoggiate. Potrete anche notare una sottile linea bianca brillante sotto ciascuna riga del testo. Questa linea molto sottile è brillante, chiara e distinta. Essa tocca la parte inferiore delle lettere nere e si estende lungo l'intera riga che state guardando. **Più sottile è la linea bianca che immaginate, più brillante diventa.**

La sottile linea bianca assomiglia alla linea bianca brillante che compare proprio sul bordo di un pezzo di carta bianca quando è collocato vicino ad una luce e tenuto contro un altro foglio bianco.

Che sia vista o immaginata, lasciate che gli occhi si spostino facilmente e rapidamente lungo questa linea. Ammiccate regolarmente e permettete alla testa di seguirla liberamente: gli occhi si sposteranno naturalmente dalla linea alle lettere per vederle al meglio. Quando continuate a seguirla con l'attenzione, lo spostamento dentro e fuori le lettere avviene così rapidamente che potete anche non notare che lo state facendo. Grazie a questo spostamento rapido inconscio, leggere diventa un po' più facile, gli occhi si rilassano ulteriormente e la vista per la maggior parte delle persone migliora.

[14] Se non vedete ancora la linea bianca, chiudete gli occhi e immaginate di prendere in mano un pennellino: intingetelo in un vasetto di vernice

bianca brillante e disegnate una linea bianca sottile al di sotto di un'immaginaria riga di testo. Notate come la vernice bianca brilla in contrasto con l'inchiostro nero mentre tirate il pennello lungo la riga. Poi aprite gli occhi un attimo e immaginate di tirare una linea con il pennello bianco sotto le righe di questa pagina.

Passate dall'immaginare la sottile linea bianca ad occhi chiusi ad un veloce sguardo ad occhi aperti.

Se vi risulta difficile rappresentare nella mente un pennello, tracciate la sottile linea bianca con un puntatore, e lasciate che gli occhi lo seguano. Usate un indicatore come quello in figura: è uno strumento di lettura costosissimo ad alta tecnologia, per il quale non si bada a spese! È la famosa graffetta per i fogli aperta! La punta di una penna andrà bene ugualmente, oppure, se questi strumenti sono insufficienti, andate avanti e usate il dito indice. Anche i bambini fanno così, perché funziona!

All'inizio muovetevi lentamente, lasciate che gli occhi si abituino a seguire l'indicatore. Mentre aumentate gradualmente la velocità, potrete notare che il testo scorre nella direzione opposta.

Non sforzatevi né di guardare le lettere nere, né di guardare gli spazi bianchi. L'attenzione si sposterà inevitabilmente sulle lettere in modo regolare. Tornate sempre indietro alla linea bianca, e state rilassati mentre la seguite.

[12] Tenete in mano questa pagina alla distanza ottimale di lettura e fate pratica nel tracciare la linea bianca in questo testo:

La sottile linea bianca

[13] Quando si leggono caratteri piccoli sul giornale o in un libro, l'occhio normale è capace di immaginare gli spazi bianchi fra le righe ancora più bianchi di quello che realmente sono. Più bianchi sono immaginati gli spazi, più nere appaiono le lettere e più distinte diventano.

[12] Le persone con vista imperfetta non sono capaci di leggere i caratteri piccoli finché non sono in grado di immaginare che gli spazi bianchi fra le righe di lettere sono più bianchi di quanto siano in realtà.

[11] È veramente utile immaginare una sottile linea bianca sotto le lettere di una tabella di verifica o sotto una riga di caratteri piccoli. Questa sottile linea bianca è solo immaginata, non è vista, perché la linea in realtà non è lì. Essa è un prezioso aiuto nel trattamento e nella cura della presbiopia, dell'ipermetropia, dell'astigmatismo e in molti casi di miopia. È bene immaginarla nel modo corretto. Il modo sbagliato è quello di cercare di immaginare la sottile linea bianca e le lettere nere allo stesso tempo. Questo è uno sforzo che offusca sempre le lettere nere e impedisce di immaginare la sottile linea bianca.

[10] Molti pazienti si lamentano di avere difficoltà ad immaginare la sottile linea bianca. Per superare questa difficoltà, la si dovrebbe immaginare appena sotto qualche parola o gruppo di parole che sono conosciute. La linea allora viene prontamente immaginata, e la si può vedere estendersi da un lato all'altro della pagina: dovunque essa appaia, la vista è sempre migliorata. Si può leggere rapidamente, chiaramente, senza disagio, quando si è consapevoli della sottile linea bianca.

Quando gli occhi guardano direttamente le lettere, è richiesto uno sforzo, mentre guardare gli spazi bianchi fra le righe è riposante, e praticando in questo modo si può diventare capaci di vedere le lettere chiaramente, senza guardarle direttamente. Quando un paziente guarda gli spazi bianchi fra le righe di caratteri usati normalmente in un libro, può leggere per ore e non avverte alcun affaticamento, dolore o disagio. Quando si percepiscono disagio e dolore agli occhi mentre si legge, è perché si stanno guardando direttamente le lettere (Bates 1928, 1929a,b).

---

[12] È sufficiente immaginare la linea bianca al di sotto delle lettere. Se riuscite ad immaginarla anche sopra le lettere come quella al di sotto, siete liberi di farlo.

Tenete il testo gradualmente più vicino e continuate a tracciare la linea bianca nel modo più rilassato possibile, ammiccate piano, respirate con leggerezza, spostate l'attenzione in modo fluido e continuo, permettete alla testa di seguire gli occhi, e notate che facendo così le lettere, le parole e la pagina oscillano. Fate riposare gli occhi spesso: chiudeteli per un po' o guardate in lontananza.

Ricorderete già dal Passo 5 che è veramente utile muovere la pagina da lato a lato con un breve movimento fluido, o che un leggero movimento della testa da lato a lato aumenta il rilassamento e migliora la visione. Usate tale movimento della pagina o del capo mentre seguite queste linee bianche, perché questo incoraggia il movimento degli occhi. L'unico svantaggio di entrambi i movimenti laterali della testa o della pagina è che ci può essere una tendenza a fermarsi e a fissare il punto di cambiamento di direzione. Potete evitarlo con un'oscillazione che crea un movimento continuo.

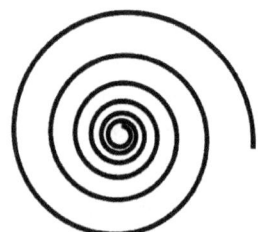 Una spirale che rimpicciolisce gradualmente e che termina con una piccola oscillazione circolare è utile per guardare oggetti generici, mentre per la lettura è più adatta un'oscillazione quadrata a bordi arrotondati.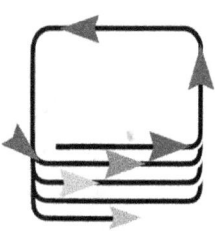
Per usare l'oscillazione quadrata per leggere: seguite la sottile linea bianca al di sotto di una riga del testo, poi spostatevi in su lungo il margine destro, in cima al paragrafo o alla pagina, da lì muovete lo sguardo indietro a sinistra e poi in basso sulla linea bianca successiva sotto il testo che volete leggere.
Se fatto in modo scorrevole, continuo e rapido, questo è un efficace metodo per rendere nitida la stampa e per aumentare la facilità di lettura.

Che cosa accade alle lettere quando scegliete di non leggerle e immaginate solo di dipingere linee bianche?

Per la maggior parte delle persone il testo diventa immediatamente più chiaro e facile da leggere. La limpidezza si mantiene fintanto che l'attenzione rimane sulla linea bianca. Se la spostate per leggere le lettere nere, esse possono offuscarsi di nuovo velocemente.

Bates (1926b, 1929a) spiega perché questo accade:

> Ci sono diverse cause del perché fallisce la lettura dei caratteri piccoli. Il problema più comune è guardare le lettere nere e non prestare attenzione agli spazi bianchi fra le righe. Considerare le lettere nere abbassa sempre la visione e richiede uno sforzo, una tensione di cui il paziente può sempre rendersi conto. Talvolta la percezione degli spazi bianchi può migliorare quanto basta per cominciare a leggere i caratteri piccoli, e quasi immediatamente si perde la visione per la gran tentazione di guardare le lettere.
>
> La sottile linea bianca è stata osservata da molte persone che non sono poi riuscite a leggere. In tutti i casi, si è dimenticata la linea bianca e si è fatto uno sforzo per leggere guardando le lettere. Sembra essere una reazione della mente umana il fatto che le persone, mentre stanno usando gli occhi in modo appropriato, smettano subito di farlo, quando la loro vista migliora. Sembra che pensino di ottenere un barlume di visione buona grazie alla memoria della sottile linea bianca, e che poi, tutto ciò di cui hanno bisogno è solo di iniziare così per poi continuare senza di essa. È la sottile linea bianca che aiuta le persone a leggere, e sebbene io possa metterle in guardia dal guardare le lettere, e debba loro dimostrare immediatamente che guardarle è una cosa controproducente, trovano estremamente difficile limitare ad essa la loro attenzione.
>
> Molte volte, ho dovuto spiegare loro che misurare la vista causa una tensione che spesso abbassa la visione. Esaminare l'immaginazione è differente e produce meno tensione. I pazienti con presbiopia possono guardare il soffitto o una nuvola bianca in cielo, e ricordare o immaginare un colore bianco perfetto, e farlo senza alcuna tensione o sforzo consci. Ma non appena guardano i caratteri piccoli, dimenticano la loro immaginazione e sbagliano facendo uno sforzo per vedere.
>
> Si può leggere rapidamente, in maniera chiara e senza disagio quando si è consci della sottile linea bianca, ma fissare le lettere nere e aspettarsi di leggerle è un errore che pochissimi insegnanti e studenti hanno osservato. Il fatto che non si può leggere bene quando si guardano le lettere nere dovrebbe essere più ampiamente capito.

[13] Riconoscete qualcuna delle suddette cause di fallimento della lettura dei caratteri piccoli?

Guardare direttamente le lettere nere, dimenticare di usare gli spazi bianchi e la sottile linea bianca, o esaminare la vista sui caratteri piccoli, sono abitudini che aumentano lo sforzo visivo piuttosto che ridurlo.

Uno svantaggio in più derivante dal guardare direttamente le lettere nere è che può capitare di leggere con un movimento sobbalzante o saltando da parola a parola; i vostri occhi smetteranno di mettere a fuoco mentre stanno saltando e avranno bisogno di mettere di nuovo a fuoco quando atterrano. E se fissate ogni singola lettera, la lettura diventerà lenta e faticosa. Questi non sono i modi più rilassanti per leggere. La soluzione è mantenere l'attenzione sulla sottile linea bianca e sugli aloni.

Ogni volta che leggete, cercate prima gli aloni bianchi. Rilassatevi ancora di più immaginando una sottile linea bianca brillante. A mano a mano che la capacità di immaginare la linea bianca aumenta, le lettere nere appariranno più nitide. Non abbiate fretta di leggerle! Continuate a godere il dolce ritmo di tracciare la linea bianca.

Scansate i caratteri stampati – Fidatevi del processo – Raccoglietene i frutti.

[13] Fate pratica nel tracciare la sottile linea bianca su caratteri gradualmente più piccoli. Usate un puntatore per aiutarvi. Ammiccate, respirate con leggerezza e rilassatevi mentre i caratteri diventano più piccoli. Non fate alcuno sforzo per leggere. Lo scopo è notare la linea bianca e vedere i caratteri scivolare via in modo fluido mentre voi tracciate la linea.

> [12] Qualche tempo fa in questa rivista era stata pubblicata una descrizione di un metodo per curare l'astigmatismo, e tale metodo è di gran lunga superiore a tutti gli altri.
>
> [11] Il paziente era stato informato che c'erano spazi bianchi fra le righe di lettere nere, e che questi spazi bianchi diventavano più bianchi immaginandoli il più bianco possibile prima ad occhi chiusi e poi ad occhi aperti.
>
> [10] L'attenzione del paziente fu rivolta al fatto che si poteva immaginare la parte più bassa delle lettere appoggiata sopra la parte più alta degli spazi bianchi, e che quando si leggevano le lettere si poteva immaginare una sottile linea bianca attraversare la tabella da sinistra a destra.
>
> [9] Questa sottile linea bianca veniva migliorata immaginandola ad occhi prima aperti e poi chiusi. Quando l'immaginazione riusciva a migliorare la sottile linea bianca, le lettere nere venivano immaginate più nere e potevano generalmente essere riconosciute molto velocemente; ma quando l'immaginazione degli spazi bianchi era meno perfetta, le lettere di solito non venivano viste in modo normale.
>
> [8] In altre parole, migliorare la visione delle lettere nere dipendeva principalmente dal migliorare il bianco della sottile linea bianca. Dei due (cioè fra immaginare le lettere nere o la linea bianca – n.d.t.) era più importante la linea bianca, perché si può immaginare il candore della linea bianca molto più bianco, ma non allo stesso modo è possibile immaginare le lettere nere più nere (Bates 1930).

[12] Una nota sulla lettura veloce

Spesso mi viene chiesto se i corsi di lettura veloce facciano bene agli occhi. Finora io non ho mai sentito il bisogno di seguire tale corso, così non parlo per esperienza personale, ma mi sono stati fatti esempi dai miei studenti. Secondo me questi corsi insegnano a cogliere con un solo sguardo un intero paragrafo o addirittura una intera pagina. Questo può portare gli occhi a voler vedere nitido in modo conscio o subconscio più dettagli alla volta, che è uno sforzo considerevole e può provocare mal di testa e problemi visivi. Quasi tutti i miei studenti che hanno provato la lettura veloce mi dicono che dà loro mal di testa. Se avete dei problemi mentre utilizzate questo metodo, probabilmente state sforzando gli occhi!

Il dottor Bates non consigliava tali sistemi forzati di lettura rapida e spiegava il suo pensiero a tal riguardo:

> Nei miei scritti ho fatto rimostranze contro i metodi impiegati per insegnare la lettura veloce. La procedura abituale era incoraggiare lo studente a vedere tutte in una volta le lettere di una parola, o vedere tutte insieme le lettere di un paragrafo. Lo si riteneva un metodo corretto ed era consigliato da studiosi molto intelligenti. Il mio lavoro di ricerca ha dimostrato che non c'è niente di più dannoso per gli occhi che fare uno sforzo per vedere un'intera lettera o un'intera parola, e tutte le parti bene allo stesso modo. Se si guarda la prima lettera di una parola, non si vede l'ultima lettera perfettamente nello stesso tempo. Se si fa uno sforzo, l'intera parola diventa offuscata e può non essere distinta. Più forte è lo sforzo fatto, più dannoso è per la mente e gli occhi (Bates 1926c).

La mia personale esperienza è che posso leggere abbastanza rapidamente quando uso gli occhi come Bates suggerisce: scorrendo sugli spazi bianchi del testo. Questa modalità mantiene il movimento dell'occhio rapido e facile, non c'è sforzo, e non c'è pensiero conscio verso i miei occhi. È questo tipo di lettura rilassata che permette una lettura veloce.

Passo 8 Sommario – Fatevi guidare dalla linea luminosa

✓ Gli aloni si fondono insieme a formare una linea sottile e brillante al di sotto delle parole e delle frasi.

✓ Tracciare la sottile linea bianca, mentalmente o con un puntatore, incoraggia un movimento fluido e continuo ed una lettura rapida e rilassata.

Passo 8. Fatevi guidare dalla linea bianca

Passo 9. Amate i caratteri minuscoli

[12] Una credenza generale è che i caratteri piccoli siano nocivi per gli occhi. Al tempo di Bates la British Association for the Advancement of Science pubblicò delle regole che proibivano l'uso di caratteri piccoli nelle scuole per bambini al di sotto di dodici anni. Non era permesso affatto leggere al di sotto dei sette anni, e a quell'età erano permessi solo caratteri di dimensione 24 e 30. La dimensione del carattere veniva gradualmente ridotta fino all'età di dodici anni, quando era permesso leggere caratteri di dimensione normale. Queste misure avevano lo scopo di ridurre la miopia tra gli scolari.

Consigli per i libri scolastici	
Età	Dimensione carattere
7	30
7	24
8	18
8-9	14
9-12	12
12+	10

Bates si rese conto che maggiore è la dimensione del carattere, maggiore è lo sforzo degli occhi, minore è la dimensione del carattere, minore è lo sforzo per vederlo. La sua ricerca dimostrò che uno sforzo per vedere da vicino produce sempre ipermetropia.

L'ipermetropia è così comune nei bambini che si ritiene che sia lo stato normale dell'occhio immaturo e che non si possa prevenire. Gli oculisti di solito dicono che al bambino passerà crescendo.

Considerando che proprio i caratteri grandi contribuiscono alla prevalenza dell'ipermetropia, non c'è da meravigliarsi se sia così comune tra gli scolari, e che la percentuale tenda a calare non appena essi crescono. Bates aiutava questi bambini dando loro caratteri piccoli da leggere e mostrava loro come superare lo sforzo degli occhi. Essi di solito venivano curati in poche visite. Gli adulti ottenevano risultati simili.

> [10] **È impossibile leggere i caratteri piccoli senza rilassarsi. Perciò la lettura di tali caratteri, al contrario di quello che generalmente si crede, è di grande beneficio per gli occhi** (Bates 1920c).

[11] Il problema con i caratteri grandi è che si possono ancora leggere anche quando gli occhi fissano e cercano di vedere più dettagli contemporaneamente, guardando una grande area tutta in una volta. Se avete la tendenza a sforzarvi per leggere, potete cavarvela quando leggete caratteri grandi, ma non con i caratteri piccoli. Qualsiasi tensione offuscherà velocemente il carattere piccolo fino ad un livello oltre la capacità di lettura.

Il carattere piccolo richiede di mettere a fuoco una piccola area. Guardare i caratteri minuscoli migliora il livello di fissazione centrale pertanto usate la nitidezza centrale quando li leggete. Dovete vedere il punto centrale al meglio per poter leggere chiaramente le lettere piccole. In più, il carattere piccolo richiede uno spostamento continuo, che rilassa gli occhi.

Provate da voi, guardate questo esempio:

(In italiano: la dimensione è importante, perciò leggete i caratteri piccoli – n.d.t.)
Guardate la lettera S di "SIZE" e controllate se riuscite a riconoscere la E nella vostra visione periferica mentre guardate la lettera S. È abbastanza facile distinguere la E, giusto?

Ora guardate la m di "matters" e verificate se potete al tempo stesso anche riconoscere l'ultima lettera su quella riga nel campo visivo periferico. Sarà una sfida! E dovrebbe esserlo.

Potete leggere l'intera parola "SIZE" mentre fissate la S, ma per riconoscere tutti i caratteri piccoli gli occhi devono spostarsi lungo quella riga, anche se la distanza fra la prima e l'ultima lettera è uguale.

In sostanza: **leggere caratteri piccoli richiede un movimento degli occhi scorrevole e continuo, e rilassamento**. Questo fatto fa dei caratteri piccoli una forma eccellente di risposta automatica immediata: il grado di nitidezza o di offuscamento riflette il vostro livello di rilassamento visivo in quel momento. Il solo fatto di guardare i caratteri piccoli è un magnifico modo di praticare e raggiungere il rilassamento.

Rilassatevi e ammiccate mentre leggete la seguente frase ripetuta più volte, rimpicciolita dalla dimensione del carattere 13 (è il valore che trovate sul vostro computer quando volete scegliere la dimensione – n.d.t.) in alto fino alla dimensione 4 in basso:

Guardare caratteri piccoli 5 minuti al dì aiuta a recuperare la nitidezza centrale.

Guardare caratteri piccoli 5 minuti al dì aiuta a recuperare la nitidezza centrale.

Guardare caratteri piccoli 5 minuti al dì aiuta a recuperare la nitidezza centrale.

Guardare caratteri piccoli 5 minuti al dì aiuta a recuperare la nitidezza centrale.

Guardare caratteri piccoli 5 minuti al dì aiuta a recuperare la nitidezza centrale.

Guardare caratteri piccoli 5 minuti al dì aiuta a recuperare la nitidezza centrale.

Guardare caratteri piccoli 5 minuti al dì aiuta a recuperare la nitidezza centrale.

Guardare caratteri piccoli 5 minuti al di aiuta a recuperare la nitidezza centrale.

Guardare caratteri piccoli 5 minuti al di aiuta a recuperare la nitidezza centrale.

Guardare stampa fine 5 minuti al di aiuta a recuperare la nitidezza centrale.

[11] Una buona variante è leggere la prima parola di ciascuna riga dall'alto in basso, poi la successiva dal basso in alto, e così via. Siate consapevoli degli aloni e notate come molto in basso potete distinguere ancora ciascuna parola senza sforzo.

Pam, quarantatré anni:
« È quasi magico leggere il tuo testo che rimpicciolisce riga dopo riga. Lo guardo tutto insieme e penso che sia impossibile, ma i miei occhi seguono le parole in modo leggibile fino alla fine e voilà sono capace di distinguerlo tutto!».

Adesso mettete all'opera queste nuove abilità di lettura sulla seguente stampa minuscola:

[6]Sette Verità sulla Vista Normale (Bates 1920c)

1—La Vista Normale: può essere sempre dimostrata nell'occhio normale, ma solo in condizioni favorevoli.

2—Fissazione Centrale: la lettera o parte della lettera guardata è sempre vista al meglio.

3—Spostamento: il punto guardato cambia rapidamente e continuamente.

4—Oscillazione: quando lo spostamento è lento, sembra che le lettere si muovano da lato a lato o in altre direzioni con un movimento simile a quello di un pendolo.

5—La Memoria è perfetta: il colore e lo sfondo delle lettere, o di altri oggetti visti sono ricordati perfettamente, in modo istantaneo e continuo.

6—Immaginare fa bene: si può persino vedere la parte bianca delle lettere più bianca di quello che in realtà è, mentre il nero non è modificato dalla distanza, dall'illuminazione, dalla dimensione o dalla forma delle lettere.

7—Il riposo o il rilassamento dell'occhio e della mente è perfetto e si può sempre dimostrare.

Quando una di queste verità fondamentali è perfetta, tutte sono perfette.

[12] **Non riuscite ancora a leggerli? – Ecco dei suggerimenti utili**

- Tenete la stampa a caratteri piccoli ad una distanza dove la vedete al meglio. Usate la guida dei Passi precedenti per aiutare a rendere chiaro il testo. Ricordatevi di ammiccare una o due volte per riga. Ammiccare regolarmente e delicatamente è qualcosa che diventerà un'abitudine, sebbene all'inizio dovrete pensarci consciamente. Il vostro obiettivo è mantenere gli occhi rilassati! Dovrete praticare la lettura di questi caratteri in perfetto comfort!

- Con i caratteri piccoli gli aloni sono così vicini tra di loro che la sottile linea bianca diventa ovviamente più visibile. La consapevolezza continua della sottile brillante linea bianca che sta sotto i caratteri piccoli farà sì che gli occhi si rilassino di più e che la stampa inizi a diventare limpida.

- Quando l'offuscamento sparisce, abbandonate la tendenza a leggere il testo. Evitate la tentazione di cercare di rendere nitide tutte le parole. Continuate a sbattere le palpebre e a spostare la vostra attenzione lungo le linee bianche.

- Notate o immaginate il movimento apparente delle lettere e della pagina mentre gli occhi e il capo si muovono in modo fluido lungo tutti gli spazi bianchi. Ciò richiede una consapevolezza rilassata della visione periferica.

- Potete anche trovare beneficio osservando brevemente il nero delle lettere e ricordando l'intensità del nero in maniera alternata ad occhi chiusi e aperti.

- Quando tenete il testo all'interno della zona di offuscamento, evitate qualunque tendenza a fissare, continuando a leggere il più possibile a velocità normale. Per le parole che non distinguete, lasciate che l'attenzione oscilli avanti e indietro sul bianco sottostante e fra le lettere.

- Se i caratteri piccoli sono troppo offuscati perché li possiate leggere ora, fa bene guardarli senza cercare di leggerli. Già questo aiuterà la visione; imparate ad osservare e a notare i dettagli più piccoli.

Passo 9 Sommario – Amate i caratteri minuscoli

- ✓ I caratteri grandi possono essere letti con tensione mentre i caratteri piccoli richiedono rilassamento.

- ✓ Per mantenere o riottenere la capacità di leggere i caratteri piccoli a distanza ravvicinata, occorre guardare regolarmente da vicino i caratteri piccoli.

Passo 10. Leggere le avvertenze a lume di candela

[12] Arrivati a questo punto, è tempo di lasciare la "strada comoda" per passare gradualmente dalla lettura in condizioni a voi favorevoli a quella in condizioni sfavorevoli. Si sa che le avvertenze sono scritte di solito con caratteri minuscoli, affinché sia meno probabile che le persone le leggano, e la luce di una candela è considerata insufficiente per leggerle; allora sperimentare la lettura delle avvertenze a lume di candela può essere l'atto finale per il rilassamento visivo!

> [10] **Dato che i piccoli oggetti non possono essere visti senza fissazione centrale, la lettura di caratteri minuscoli, quando può essere fatta, è uno dei migliori esercizi visivi: più fioca è la luce in cui è possibile leggerli e più vicino all'occhio possono essere tenuti, meglio è** (Bates 1921b).

Sì, malgrado quello che la mamma può avervi detto, leggere a letto con una luce poco luminosa fa bene agli occhi, *se* lo fate senza sforzo. Se siete in grado di leggere in modo rilassato in queste condizioni difficili, sarà perfino più facile in condizioni favorevoli. Questo si applica ugualmente sia ai bambini che agli adulti. Quando riuscite a restare rilassati e a evitare consciamente qualsiasi tentazione di sforzare per vedere in condizioni sfavorevoli, la capacità di leggere in condizioni favorevoli migliorerà notevolmente.

Per le persone con presbiopia, le tipiche condizioni sfavorevoli di lettura sono:
- caratteri più piccoli,
- tenuti più vicino agli occhi,
- a luce più bassa,
- e con minore contrasto.

Nel momento in cui dominate con successo le prime due condizioni – caratteri più piccoli tenuti più vicino agli occhi – le altre due diventeranno anch'esse meno scoraggianti. Leggerete presto a lume di candela elaborati menù stampati su carta colorata!

[11] Il dottor Bates usava i caratteri 'diamante' come suo standard di caratteri minuscoli.[12] Il suo "campione di carattere diamante" stampato a p. 195 di *Perfect Sight Without Glasses* equivale approssimativamente alla dimensione di carattere 5 Times New Roman di questo libro. In altri tipi di carattere il formato può essere lievemente diverso.

Times New Roman
Dimensione carattere 5:

Il dottor Bates raccomandava di tenere il testo con carattere di dimensione diamante molto vicino, a 15 centimetri o meno dagli occhi, anche senza riuscire a leggere le lettere. Quando fate così, non tentate di leggere il testo con sforzo. Invece, chiudete gli occhi per un minuto o due e alternate a questo un'occhiata ai microcaratteri per un secondo o due. Immaginate che lo sfondo bianco sia perfettamente bianco, e che le lettere siano stampate perfettamente nere. Riuscite a migliorare la vostra immaginazione sia ad occhi chiusi che aperti? Semplicemente osservate cosa accade, e godetevi il vostro cammino verso la nitidezza!

Bookman Old Style
Dimensione carattere 4.5:

Il dottor Bates raccomandava di tenere il testo con carattere di dimensione diamante molto vicino, a 15 centimetri o meno dagli occhi, anche senza riuscire a leggere le lettere. Quando fate così, non tentate di leggere il testo con sforzo. Invece, chiudete gli occhi per un minuto o due e alternate a questo un'occhiata ai microcaratteri per un secondo o due. Immaginate che lo sfondo bianco sia perfettamente bianco, e che le lettere siano stampate perfettamente nere. Riuscite a migliorare la vostra immaginazione sia ad occhi chiusi che aperti? Semplicemente osservate cosa accade, e godetevi il vostro cammino verso la nitidezza!

Descriverò quattro modi per migliorare la capacità di leggere il carattere diamante. Usate ciascuno di questi quattro suggerimenti con le schede di pratica in carattere diamante che si trovano a pp. 153 e 155, e fate tutto quello che vi riesce meglio.

1. Mantenete gli occhi rilassati

Potete scoprire come sia facilissimo adattarvi ai caratteri diamante quando li tenete ad una distanza inferiore alla lunghezza del braccio e, mentre li guardate, non fate alcuno sforzo per leggerli. Per mantenere i muscoli degli occhi rilassati, vi incoraggio a concedere ai vostri occhi tantissimo riposo: molto più di quello che pensate di aver bisogno! Così chiudete gli occhi e fateli riposare finché arrivate al punto di non sentire nemmeno di averli. Per questo riposo possono volerci pochi minuti, ma anche mezz'ora o di più, dipende dal vostro livello di tensione.

Poi guardate per appena pochi secondi gli spazi bianchi sul biglietto con i caratteri diamante. Chiudete gli occhi e rendete più profondo il livello di rilassamento. Alternate questo riposo ad occhi chiusi con un'occhiata ai caratteri piccoli per qualche istante. Probabilmente scoprirete che i caratteri cominciano a diventare nitidi e possono addirittura diventare leggibili.

All'inizio potrete vedere le lettere chiaramente solo per brevi flash. È magnifico! Ciò dimostra che gli occhi sono capaci di mettere a fuoco da vicino correttamente! Continuate: presto vedrete le lettere in modo limpido più a lungo, finché alla fine potrete leggerle mantenendone la nitidezza. Con la pratica costante sarete in grado di ridurre la distanza fino a quindici centimetri.

2. Tentate "l'impossibile"

Mettete la stampa con i caratteri diamante a dieci centimetri o meno dagli occhi, così da essere sicuri che è impossibile leggerli. Potete addirittura lasciare che la carta tocchi la fronte e il naso, e guardatela direttamente senza cercare di leggerla. Si può talvolta ottenere un rilassamento istantaneo quando credete che non ci sia proprio nessuna possibilità di poterla leggere, perché a quel punto, non ci proverete nemmeno. Quando rinunciate allo sforzo mentale, ne consegue il rilassamento fisico degli occhi.

Mentre tenete la tabella con la stampa diamante vicino agli occhi, accettate qualsiasi offuscamento. Non sforzatevi di leggere il testo. Portate l'attenzione agli spazi bianchi e lasciate che gli occhi scivolino in modo fluido attraverso la pagina, oppure pensate che state guardando una partita di calcio, o un ballerino, o i fiori nel giardino, qualsiasi cosa vi rilassi va bene! Continuate finché sentite che gli occhi gradualmente si rilassano, e aspettate che si lascino andare anche di più.

Se volete, muovete la tabella lentamente da lato a lato, circa mezzo centimetro. Più corto e più lento è tale spostamento meglio è, per percepire ogni movimento.

Chiudete gli occhi ogni volta che sentite tensione, e teneteli chiusi finché la tensione si dissolve. Inizialmente può succedere che abbiate bisogno di chiuderli spesso, ma è naturale, soprattutto se è da molto tempo che non guardate qualcosa così da vicino. Sempre ad occhi chiusi, immaginate che state ancora guardando la pagina vicino al viso e che la vedete facilmente, liberi da tensione, oppure che vi state godendo la partita di calcio, il balletto, o il giardino.

Dopo esservi rilassati in questo modo, il testo per un po' potrà diventare più nitido: passerà da vaghe righe offuscate a parole distinte. Probabilmente le lettere sembreranno più grandi rispetto a quello che vi aspettate e leggerle a questo punto diventa possibile. Tuttavia, se ripensate che state leggendo, il testo può offuscarsi nuovamente. La vecchia abitudine a sforzarsi torna rapidamente e rovina il rilassamento. La lezione è ovvia. La visione perfetta arriva attraverso il rilassamento mentre qualunque sforzo consapevole per leggere, qualsiasi tentativo, si risolve in offuscamento.

Per ottimi risultati Bates raccomandava di praticare questa visione ultravicina il più a lungo possibile, perfino per molte ore al giorno. Alcune persone preferiscono eseguirla con un occhio alla volta e coprono o chiudono l'altro. Cambiate la mano che tiene la tabella per evitare la fatica. La quantità di luce dell'ambiente non ha importanza (Bates 1922b).

Fate diventare i caratteri minuscoli i vostri amici e compagni di viaggio!
Guardate i caratteri piccoli molto da vicino per almeno cinque minuti al giorno. Osservate semplicemente cosa accade, e godetevi il processo. Questa pratica di rilassamento a distanza ravvicinata sarà di grande aiuto per riguadagnare l'abilità a leggere caratteri di media dimensione ad una distanza di lettura confortevole.

****
Fate diventare i caratteri minuscoli amici e compagni di viaggio!
Fate diventare i caratteri minuscoli amici e compagni di viaggio!
****

3. Usate memoria e immaginazione

Una signora divenne rapidamente capace di leggere i caratteri diamante grazie alla sua memoria del bianco. Bates descrive come la aiutò:

> Le diedi un piccolo biglietto sul quale erano stampate alcune righe a carattere diamante. Le chiesi cosa riusciva a vedere. Disse: «Vedo un biglietto grigio con un po' di lettere grigie offuscate. Sembrano assomigliarsi tutte e non ci sono spazi fra le parole o le lettere e non sempre fra le righe».
>
> Le chiesi: «Ad occhi chiusi riesce a ricordare qualcosa come un tramonto, un sole rosso e nuvole di diversi colori?». Rispose: "Sì."
>
> «Ad occhi ancora chiusi, può ricordare o immaginare una nuvola bianca in cielo, di un bianco sfolgorante con il sole che splende su di essa?». Rispose: "Sì."
>
> Poi le diedi le seguenti indicazioni: «Tenga gli occhi chiusi finché non riesce a ricordare una nuvola bianca in cielo, di un bianco sfolgorante con il sole che splende su di essa, poi apra gli occhi e getti uno sguardo ai caratteri piccoli, ricordando ancora la sua nuvola bianca; ma deve chiudere gli occhi prima di avere il tempo di leggere qualsiasi lettera». La guardai fare così per un po' di minuti e vidi che stava seguendo le mie indicazioni correttamente, poi la lasciai far pratica da sola.

Dopo mezz'ora ritornai e le chiesi come stava andando. Il suo viso arrossì lievemente e in tono di scusa disse: «Ho cercato di fare esattamente quello che lei mi ha detto di fare, dottore, e mi dispiace dirle che sebbene io guardassi il biglietto soltanto per un secondo alla volta, come un flash, contrariamente alle sue istruzionione ho letto ogni parola». Allora le spiegai che alla prima visita non mi aspettavo di certo che lei facesse esattamente tutto quello che le avevo chiesto, ma date le circostanze, pensavo che aveva fatto in realtà tutto molto bene.

Le diedi un altro testo a caratteri minuscoli con cui fare pratica allo stesso modo, ma tenendolo a non più di quindici centimetri dagli occhi. Ad occhi chiusi ricordò la nuvola bianca come prima, mantenendoli chiusi finché la memoria della nuvola bianca non fosse perfetta, e poi diede un'occhiata lampo sugli spazi bianchi fra le righe per un secondo.

La guardai per un po' e le dissi: «Qual è il problema?».

«Nulla,» disse «chiudo gli occhi e ricordo la nuvola bianca. La ricordo pure molto bene ad occhi aperti. Quando lo faccio non posso fare a meno di vedere gli spazi bianchi perfettamente bianchi e le lettere nere perfettamente nere, ma mi dispiace dirle che non posso evitare di leggere le lettere».

Allora le diedi la mano e le dissi: «Mi stringa la mano. Sono contentissimo di lei e questa volta la perdonerò per il fatto che non riesce ad evitare di leggere le lettere» (Bates 1924).

Il dottor Bates provò lo stesso metodo con molti altri suoi pazienti, ma raramente ebbe risultati così brillanti come con questa signora. Eppure, vale la pena praticare questa immaginazione di un bianco sfolgorante alternata con occhiate brevissime agli spazi bianchi. Se non ci riuscite, passate ad uno degli altri metodi.

4. Pensavate che il carattere diamante fosse piccolo???

Un altro metodo efficace per leggere il carattere diamante è confrontarlo con caratteri ancora più piccoli…

Bates utilizzava della stampa a microcaratteri le cui dimensioni erano state ulteriormente ridotte grazie alla fotografia. Il risultato era una 'stampa microscopica'. La Bibbia in miniatura (vedi Risorse, p. 135) ha questi caratteri piccolissimi. Una buona stampante può produrre un testo "microscopico" leggibile usando una dimensione di carattere 2.5 o più piccola.[13]

Il bello di questa stampa microscopica è che basta guardarla perché si restringa la vostra area di messa a fuoco. Più piccolo è il vostro punto di messa a fuoco, e meglio vedete. Questo è vero finché mantenete allo stesso tempo una consapevolezza rilassata della visione periferica, e lasciate che la vostra attenzione si sposti in modo fluido da un punto a quello successivo. Guardare senza sforzi la stampa microscopica, anche se non potete (ancora) leggerla, favorisce l'uso naturale degli occhi.

Due pagine del libro di Bates ridotte in caratteri microscopici.

Seguite le istruzioni:
a p. 151 troverete la "Tabella dei Fondamentali" originale di Bates, seguita a p. 153 dalle sue "Sette Verità sulla Vista Normale" stampate a caratteri diamante. Al di sotto della stampa diamante vedrete anche della stampa microscopica (dimensione di carattere 2). Tenete queste due pagine alla distanza di trenta centimetri dagli occhi. Prima di iniziare, fate riposare gli occhi tenendoli chiusi.

Quando aprite gli occhi, guardate il margine bianco della pagina per non più di un secondo, un flash, come le fotografie che avete fatto con gli occhi al Passo 2. Ad occhi chiusi ricordate di nuovo il bianco che avete visto ed immaginate che questo bianco diventi più brillante. Date un'altra veloce occhiata al bianco. Ripetete questo riscaldamento per un po' di volte.

Ora proseguite e guardate gli spazi bianchi sulla stampa microscopica per uno o due secondi. Poi ammiccate e in maniera analoga guardate gli spazi bianchi nella stampa diamante. Sbattete le palpebre un'altra volta e guardate gli spazi bianchi nelle linee più basse della Tabella dei Fondamentali. Ammiccate ancora e spostatevi con lo sguardo su una riga che riuscite a leggere. Seguite la sottile linea bianca sotto quella riga e poi sbattete le palpebre e spostatevi di nuovo sulla stampa microscopica.

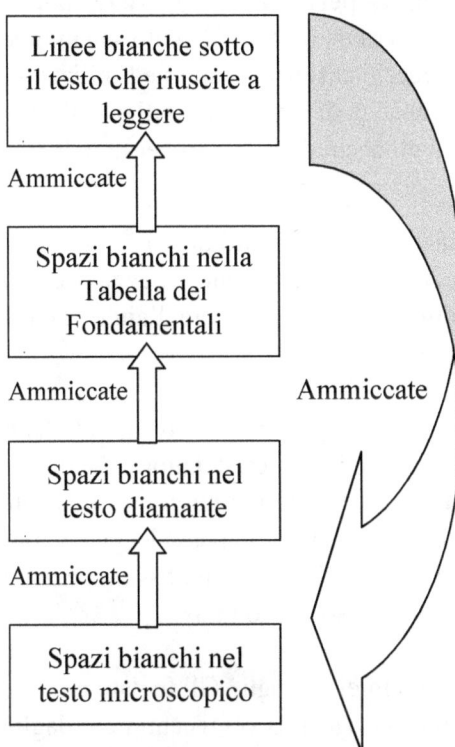

Ripetete questa sequenza finché riuscite a leggere tutte le righe della Tabella dei Fondamentali e della stampa diamante.

Fate con calma! Non accadrà proprio in pochi minuti, ma se riuscite a restare rilassati durante questa pratica, è perfettamente possibile che siate in grado di leggere molto meglio dopo venti o trenta minuti, o un'ora. La pratica quotidiana costante vi darà i migliori risultati. Quando tutta la Tabella dei Fondamentali comincia ad essere di facile lettura a trenta centimetri, avvicinatela, finché riuscite a leggerla a quindici centimetri o meno.

Se il solo sbattere le palpebre e spostare lo sguardo non vi danno risultati, chiudete gli occhi più a lungo tra ciascun spostamento e visualizzate un bianco brillante. Quando aprite gli occhi cercate più spazi bianchi, ma solo per un secondo, poi chiudeteli di nuovo e immaginate il bianco brillante prima di gettare un'occhiata rapida sullo spazio bianco successivo.

Guardare la stampa microscopica permette di leggere la stampa diamante

Bates e la sua assistente Emily Lierman (che poi diventò sua moglie) usavano spesso la stampa microscopica, e descrissero parecchi casi per illustrarne l'utilizzo nei pazienti affetti da presbiopia per migliorarne la capacità di lettura. Uno di questi pazienti era un uomo di sessantaquattro anni che usava gli occhiali da lettura per tutte le dimensioni di testo. Emily scrive:

> Ho trattato un uomo di sessantaquattro anni affetto presbiopia. La capacità visiva di entrambi gli occhi era la stessa: 15/30 (4,5m./9m.). Senza occhiali non poteva leggere né i caratteri del giornale né quelli delle riviste. Gli era d'aiuto chiudere gli occhi spesso per farli riposare.
>
> Ero ansiosa di aiutarlo a leggere i caratteri minuscoli o quelli diamante. Durante una delle sedute precedenti lo aiutai a leggere i caratteri dei giornali e delle riviste, cosa che per lui fu di incoraggiamento. Quando misi i caratteri minuscoli a circa venti centimetri dai suoi occhi, mi chiese: «non penserà per caso che io possa leggere caratteri così piccoli come quelli, vero?». Questa frase mi divertì, perché moltissimi pazienti con presbiopia fanno la stessa domanda. Gli risposi: «Sì, io so che lo farà».
>
> Anche se pieno di dubbi, seguì i miei consigli. Gli fu dato un libretto stampato a caratteri microscopici e gli fu detto di tenerlo a circa venti centimetri dagli occhi. Poi, direttamente sopra questo testo, gli venne posta una piccola tabella a caratteri diamante, che descrive le Sette Verità della Vista Normale. Infine, sopra questa ne fu messa un'altra, con un carattere di dimensioni un po' più grandi, che descrive i fondamenti della cura secondo W. H. Bates, M.D. Questa tabella è strutturata in modo tale che i caratteri hanno diverse dimensioni: in alto sono piuttosto grandi, poi decrescono gradualmente fino a diventare minuscoli verso il basso.
>
> Al paziente fu spiegato di guardare gli spazi bianchi fra i caratteri microscopici; poi di sbattere le palpebre e spostare gli occhi verso gli spazi bianchi dei caratteri diamante; quindi ammiccare e spostare ancora gli occhi verso gli spazi bianchi più grandi della Tabella dei Fondamentali. In questo modo il mio paziente lesse frase dopo frase I Fondamentali, finché poté leggere la stampa molto piccola in fondo al biglietto. Mantiene tuttora tale capacità. Il paziente fu grato perché aveva capito come usare gli occhi in modo normale (Bates, E. 1926).

Un caso simile fu quello di una signora di sessantatrè anni che portava gli occhiali da più di trenta. Negli ultimi due anni l'oculista aveva trovato difficoltà a prescriverle gli occhiali giusti. Aveva acquistato l'ultimo paio il giorno prima di venire nello studio del dottor Bates, e aveva detto ad Emily che quegli occhiali la rendevano così nervosa ed irritabile che non poteva portarli per più di mezza giornata. La sua visione da lontano era normale, ma quando teneva in mano la Tabella dei Fondamentali ad una distanza pari alla lunghezza del braccio, diceva che sapeva che lì c'era qualcosa di stampato, ma che non poteva dire che cosa fosse. In preda alla disperazione guardò Emily e le disse: «Temo che sarà dura per lei riuscire a farmelo leggere». Emily le disse di guardare i piccoli spazi bianchi fra le righe dei caratteri microscopici, di chiudere entrambi gli occhi, e di ricordare gli spazi bianchi. La signora poteva ricordarli bianchi ad occhi chiusi. Le fu detto allora di aprire gli occhi e di guardare nuovamente gli spazi bianchi. Disse che le sembravano più bianchi della prima volta. Di nuovo Emily le chiese di chiudere gli occhi e di ricordare gli spazi bianchi, di riaprirli per meno di un secondo e guardare gli spazi bianchi della tabella a caratteri diamante, chiudere nuovamente gli occhi e ricordare gli spazi bianchi, poi aprirli solo per un secondo e guardare gli spazi bianchi sulla tabella dei Fondamentali.

La signora fece pratica così per quasi mezz'ora, e ne risultò che poteva leggere l'intera pagina dei Fondamentali a venti centimetri dagli occhi. Troverete l'intera storia a p. 132.

Io ho usato lo stesso procedimento con Gene, un uomo di sessantuno anni con 2.25 diottrie di presbiopia e un analogo livello di astigmatismo. Nella prima seduta ho messo la tabella di pratica grande a 1,80 metri e l'ho aiutato a rilassare gli occhi prima di lasciare che si spostasse sulla tabella media tenuta ad una distanza pari alla lunghezza delle braccia. Quando gli diedi in mano la tabella di *Vista Migliore* (p.157) sbottò dicendo:
«Se lo scordi! Posso leggere a malapena i due paragrafi in alto!».

Invece di tornare alle tabelle facili più grandi, gli dissi di tenere il biglietto con la stampa diamante e la stampa microscopica (p. 153) in fondo alla tabella di *Better Eyesight*. L'ho guidato dicendogli di guardare prima gli spazi bianchi sulla stampa microscopica, poi di sbattere le palpebre e risalire fino ai paragrafi in alto e di continuare ripetendo la sequenza. Nonostante dubitasse della mia salute mentale, seguì le mie istruzioni e in dieci minuti stava leggendo, con gioia, caratteri di dimensione 8, al paragrafo 9 della tabella.

Passo 10 Sommario – Leggere le avvertenze a lume di candela

✓ Quando avete riguadagnato la capacità di leggere caratteri di dimensioni normali ad una distanza di lettura comoda, è tempo di allenarvi con caratteri ancora più piccoli e ad una distanza minore dagli occhi.

✓ La stampa diamante e microscopica fornisce caratteri eccellenti per fare pratica!

✓ Alternate uno sguardo ai caratteri microscopici, diamante e normali in maniera rilassata e ammiccando regolarmente in maniera morbida.

✓ Continuate a migliorare la visione da vicino: diminuite gradualmente la quantità di luce e fate pratica con il testo su sfondi colorati.

Gettate via gli occhiali da lettura!

[11] La pratica quotidiana dei dieci Passi per leggere senza occhiali porta ad un continuo progresso nel cammino verso la visione nitida. Sebbene possiate praticare un Passo alla volta, nel processo di visione naturale tutte le abitudini visive rilassate sono in larga parte interdipendenti. Gli occhi sani si muovono continuamente, ammiccano e vedono con nitidezza centrale mentre notano il movimento periferico. Sono dei cercatori di luce, amano il contrasto e gli aloni immaginari e possono cogliere il più piccolo dettaglio e la più lieve variazione di sfumatura. Non si sforzano mai di vedere, indipendentemente dalle condizioni.

Questi occhi felici seguono l'attenzione della mente prontamente, senza sforzo e in modo accurato a prescindere dalla distanza. Tenete questo a mente e sostituite ogni cattiva abitudine acquisita di sforzo visivo con i naturali modi di vedere: gli occhi saranno i fedeli collaboratori per il resto della vita.

> **Sono le cose che smettiamo di fare che favoriscono la memoria di una vista perfetta. Non abbiamo bisogno di praticare qualcosa di nuovo né imparare tramite un allenamento mentale a fare qualcosa che non abbiamo mai fatto prima. Quando un paziente si convince di questo, si rende conto che usare gli occhi correttamente è molto più facile e porta con sé una visione rinnovata** (Bates 1927).

Il vostro investimento
Quanto più tempo passate guardando i dettagli da vicino, senza sforzo né occhiali ovviamente, tanto prima gli occhi riguadagnano la capacità di mettere a fuoco a distanza ravvicinata. Anche cinque minuti di pratica quotidiana di rilassamento possono portare a risultati sorprendenti. Se fate pratica per più di cinque minuti al giorno, raggiungerete prima l'obiettivo. Quando riuscite a mantenere lo sguardo rilassato per tutto il giorno e a tutte le distanze, otterrete un miglioramento rapidissimo e una visione chiara per sempre.

Migliorare e mantenere la nitidezza
Se per leggere questo libro avete usato occhiali a più bassa gradazione, presto vi accorgerete che vi daranno un'acuità visiva nitida pari a quella dei vostri occhiali a prescrizione totale. Quando ciò accadrà, sarà tempo di passare a un quarto di diottria in meno o anche a mezza diottria, e di ripetere il processo, finché non riuscirete a leggere facilmente senza lenti correttive.

Per mantenere la nitidezza tutto quello che serve è continuare ad usare gli occhi in questo modo rilassato. La pratica quotidiana di leggere caratteri piccoli al punto prossimo sommata a tutte le abitudini visive corrette vi eviterà gli occhiali da lettura a qualunque età.

[8] Godetevi leggere la stampa minuscola a qualsiasi distanza!

[6] Fatemi sapere quando siete arrivati a questo punto!!!

Riassunto dei 10 Passi:

Passo 1. **Diventate consapevoli dello 'sforzo oculare'** e degli altri fattori che contribuiscono alla visione offuscata, così da poter cominciare a dare una svolta agli eventi. Smettete di usare gli occhiali da lettura o usate temporaneamente occhiali sotto-graduati o occhiali stenopeici. Accettate la visione offuscata, non sforzatevi mai per vedere.

Passo 2. **Fate riposare gli occhi** utilizzando *palming*, sunning e massaggio. Chiudeteli ogni volta che li sentite stanchi e manteneteli chiusi finché non li sentite riposati. Ammiccate regolarmente e con leggerezza. Una buona postura aiuta ad allentare la tensione muscolare oculare. Immaginate la nitidezza al punto prossimo. Lasciatevi ispirare dalle immagini del successo: una vista eccellente!

Passo 3. Quando gli occhi sono riposati, cominciate a leggere alle **condizioni per voi migliori e più favorevoli** in termini di luce, dimensione di carattere e distanza. Scegliete testi che vi piacciono e cercate di adottare un'alimentazione corretta.

Passo 4. **Esercitatevi a vedere senza sforzo da vicino** usando il palmo della mano o oggetti divertenti e pieni di colore. Godetevi gli incontri ravvicinati! Fate buon uso di memoria e immaginazione.

Passo 5. **Muovete** il capo o la pagina e rilassate il collo e i muscoli degli occhi con il movimento. Oscillate da lato a lato, come pure indietro e avanti, dentro e fuori la zona di offuscamento, per stimolare gli occhi a mettere a fuoco. Restate aperti alla percezione del movimento apparente tutto il giorno.

Passo 6. **Migliorate la vostra nitidezza centrale.** Pratica: vedere al meglio una lettera alla volta, poi una parte di una lettera meglio del resto della lettera stessa. Progredite gradualmente dai caratteri grandi a quelli piccoli e da lontano a vicino. Evitate la trappola della visione tunnel con una consapevolezza rilassata del vostro intero campo visivo.

Passo 7. Lasciate che gli occhi siano i cercatori di luce che sono, immaginate che il bianco dentro e fuori le lettere sia di un bianco più splendente e **noterete gli aloni** che fanno risaltare maggiormente le lettere nere. Anche qui, progredite dalle lettere grandi a quelle piccole, e usate memoria e immaginazione.

Passo 8. **Seguite la sottile splendente linea bianca** al di sotto delle righe del testo. Essa guidi senza sforzo l'attenzione lungo la parte inferiore dei caratteri. Ora leggere non richiede alcuno sforzo. Usate il testo alle distanze ottimali per un miglioramento molto veloce.

Passo 9. **Bisogna amare i caratteri minuscoli!** La stampa a caratteri minuscoli stimola l'uso corretto e naturale dell'occhio, purché non facciate alcuno sforzo per leggerla. Cominciate alla distanza ottimale e leggete alla velocità normale per quanto possibile. Gradualmente diminuite la distanza di lettura.

Passo 10. **Leggete le avvertenze a lume di candela** o almeno fate pratica rilassandogli occhi con i caratteri diamante alla distanza di dieci centimetri. Fate un uso intelligente della stampa microscopica e della luce fioca. Lasciate che l'immaginazione renda chiari i caratteri stampati, anche se sembra impossibile leggerli. Ah, dimenticavo, gettate via quegli occhiali…

Le sfide della messa a fuoco

Talvolta nella vita si tocca il fondo prima di aver imparato a nuotare con sicurezza. Se dovesse accadervi, non preoccupatevi! Nelle occasioni dove la luce e la dimensione di carattere non sono sotto il vostro controllo e siete tentati di mettere gli occhiali, usate piuttosto la seguente lista "Come Aggiustare Velocemente La Lettura" e magari scoprirete che potete lasciarli in tasca.

COME MIGLIORARE LA PERCEZIONE VISIVA NELLA LETTURA

COSA FARE	COSA NON FARE
1. ACCETTATE qualsiasi offuscamento.	NON strizzate, sforzate o combattete l'offuscamento.
2. AMMICCATE regolarmente e chiudete gli occhi per farli riposare quando ne hanno bisogno.	NON mantenete aperti gli occhi stanchi.
3. APRITE la visione periferica.	NON restringete il vostro campo visivo alla visione tunnel.
4. NOTATE gli spazi bianchi o lo sfondo della pagina.	NON fate sforzi per vedere o leggere le lettere.
5. SPOSTATE l'attenzione in modo continuo e fluido. (Un leggero movimento della pagina e/o della testa vi aiuterà molto!)	NON fissate le lettere o qualsiasi altro punto.
6. METTETE A FUOCO la mente. Siate interessati alla pagina.	NON tentate di mettere a fuoco gli occhi.
7. IMMAGINATE gli aloni e la sottile linea bianca.	NON cercate di vedere le lettere più nere.
8. RICORDATE che le lettere sono stampate chiaramente con inchiostro nero. Immaginate di vederle già nitidamente.	NON pensate che il testo sia stampato con un grigio offuscato.

[12] Differenze nelle abitudini visive

Esistono delle nette differenze fra il modo in cui usano gli occhi le persone con visione nitida e quelle con visione offuscata. Il secondo gruppo può copiare le abitudini del primo e mettere in pratica le loro sane abitudini come guida verso una visione più nitida. Qui di seguito troverete una sintesi d'insieme su queste differenze:

Persone con visione nitida	Persone con visione offuscata da vicino
Generalmente si rilassano per vedere meglio.	Generalmente si sforzano per vedere meglio.
Vedono meglio con visione centrale.	Possono vedere meglio con visione periferica.
Sono consapevoli dell'intero campo periferico.	Tendono a cadere nella visione tunnel.
Ammiccano regolarmente e con leggerezza.	Ammiccano raramente e /o con sforzo.
Spostano gli occhi in modo rapido, scorrevole, con piccoli movimenti saccadici (che sono movimenti naturali involontari) da 60 a 100 volte al secondo.	Spostano gli occhi lentamente o in modo stentato, con la tendenza a fermare il movimento e a fissare.
Permettono alla testa di seguire in modo fluido gli occhi.	Tengono ferma la testa mentre gli occhi si muovono.
Leggono in modo scorrevole e rapidamente. Rivolgono agli spazi bianchi maggiore attenzione che ai caratteri neri (questo accade spesso in modo inconsapevole).	Leggono lentamente e in modo stentato; compiono uno sforzo per vedere i caratteri neri.
Vedono o immaginano spazi bianchi brillanti dentro o attorno alle lettere.	Vedono o immaginano spazi grigi dentro e attorno alle lettere.
Vedono le lettere nere perfettamente nere. Percepiscono accuratamente la dimensione e la forma delle lettere.	Possono vedere grigie le lettere nere, con i contorni offuscati o con immagini sdoppiate. La dimensione delle lettere appare più piccola rispetto a quella reale.
Notano che gli oggetti si muovono con una lieve oscillazione continua.	Osservano gli oggetti come stazionari o con una oscillazione irregolare.
Vedono un campo visivo perfettamente nero quando eseguono il *palming*.	Vedono un campo visivo grigio e nero mescolato a colori e con luci che si muovono quando eseguono il *palming*.
Sono a proprio agio alla luce brillante del sole senza occhiali da sole.	Strizzano gli occhi o usano gli occhiali da sole alla luce brillante del sole.

Gettate via gli occhiali da lettura!

Storie per trovare l'ispirazione

[12] Potreste trovare l'ispirazione necessaria per gettare via gli occhiali più rapidamente leggendo testimonianze di persone che hanno superato la presbiopia usando il Metodo Bates.

Un esempio bellissimo arriva dalla mia collega Trudy Eyges, che insegna il Metodo Bates in Massachusetts: aveva lavorato nella università di Cornell, Wellesley e MIT insegnando francese ed inglese. Dopo essere andata in pensione a sessant'anni lesse il libro di Aldous Huxley *"L'arte di vedere"* che la introdusse al Metodo Bates. Decise, per pura curiosità, di provare il metodo su di sé e cominciò una pratica quotidiana di tecniche di rilassamento visivo.

Dopo due settimane di pratica buttò via gli occhiali che aveva usato per quarant'anni! Quel giorno prese un foglio che stava in cucina e lo lesse. Finì di leggerlo e si rese conto che non aveva gli occhiali sul naso, ma che aveva proprio letto quel foglio con facilità e nitidezza. La sua ritrovata capacità di leggere senza occhiali la sorprese, ed ammise che per lei fu un po' uno shock. Allora comprò tutti i libri sul metodo Bates che poté trovare e cominciò a tenere dei seminari sul metodo stesso.

[11] Oggi a novantadue anni Trudy legge ancora senza occhiali e guida con facilità, anche di notte. Continua a praticare il Metodo Bates per alcuni minuti ogni giorno per prendersi cura della vista e continua ad insegnare. Le testimonianze dei suoi studenti sono così convincenti che il senatore Brownsberger ha presentato a Boston un disegno di legge perché fosse appesa una tabella di controllo in ogni aula scolastica.

Il consiglio di Trudy è: "Aspettatevi di guarire! Aspettatevi che la nitidezza accada, ma non potete forzare nulla. Quali occhi sono più importanti dei vostri?!? Con dedizione e pratica quotidiana potete salvaguardare la vostra vista."[14]

Nelle pagine seguenti troverete altri resoconti istruttivi che sono fonte di ispirazione, in una varietà di dimensioni del carattere (dal formato 11 al formato 4) per leggere in modo rilassato. La prima e l'ultima di queste storie sono ripetute svariate volte in caratteri progressivamente più piccoli, così potrete controllare, andando a ritroso, i caratteri più grandi, quando quelli piccoli diventano impegnativi. Ridurrete così lo sforzo e scoprirete che potete continuare a rilassarvi e leggere i caratteri minuscoli.

La Prevenzione della Presbiopia è Facile

[11] Mentre è talvolta molto difficile curare la presbiopia, è fortunatamente molto facile prevenirla. Oliver Wendell Holmes ci ha detto come fare in "*The Autocrat of the Breakfast Table*", ed è stupefacente non solo che non sia stata prestata nessuna attenzione al suo consiglio, ma anche che noi dovremmo addirittura essere messi in guardia proprio contro la terapia che è stata scoperta essere così vantaggiosa nel caso che riporta:

"Vive nello stato di New York" dice, "un anziano signore, il quale, rendendosi conto che la sua vista stava calando, cominciò immediatamente ad esercitarla sui caratteri piccolissimi ed in questo modo si fece beffa della sciocca abitudine che ha la Natura di prendersi delle libertà quando si raggiungono i quarantacinque anni, o giù di lì. Ed ora questo signore compie le più straordinarie prodezze con la penna, dimostrando che i suoi occhi sono un paio di microscopi. Temo di non sapere con esattezza quante cose riesce a scrivere nel raggio di mezza moneta da dieci cent, se i Salmi o i Vangeli, o i Salmi e i Vangeli, non so essere preciso".

Le persone la cui vista sta cominciando a calare al punto prossimo, o che si stanno avvicinando all'età della presbiopia, dovrebbero imitare l'esempio di questo straordinario anziano signore. Prendete un testo a carattere diamante, e leggetelo ogni giorno alla luce artificiale, mettendolo sempre più vicino all'occhio finché è possibile leggerlo a quindici centimetri o meno. Oppure prendete un campione di carattere ulteriormente ridotto con la fotografia a dimensioni ancora minori rispetto al carattere diamante e fate la stessa cosa. In tal modo eviterete non solo la necessità di usare gli occhiali per leggere e per il lavoro da vicino, ma tutti quei problemi agli occhi che al giorno d'oggi così spesso rendono più scuri gli ultimi anni della vita (Bates 1927).

La Prevenzione della Presbiopia è Facile

[5] Mentre è talvolta molto difficile curare la presbiopia, è fortunatamente molto facile prevenirla. Oliver Wendell Holmes ci ha detto come fare in "*The Autocrat of the Breakfast Table*", ed è stupefacente non solo che non sia stata prestata nessuna attenzione al suo consiglio, ma anche che noi dovremmo addirittura essere messi in guardia proprio contro la terapia che è stata scoperta essere così vantaggiosa nel caso che riporta:

"Vive nello stato di New York" dice, "un anziano signore, il quale, rendendosi conto che la sua vista stava calando, cominciò immediatamente ad esercitarla sui caratteri piccolissimi ed in questo modo si fece beffa della sciocca abitudine che ha la Natura di prendersi delle libertà quando si raggiungono i quarantacinque anni, o giù di lì. Ed ora questo signore compie le più straordinarie prodezze con la penna, dimostrando che i suoi occhi sono un paio di microscopi. Temo di non sapere con esattezza quante cose riesce a scrivere nel raggio di mezza moneta da dieci cent, se i Salmi o i Vangeli, o i Salmi e i Vangeli, non so essere preciso".

Le persone la cui vista sta cominciando a calare al punto prossimo, o che si stanno avvicinando all'età della presbiopia, dovrebbero imitare l'esempio di questo straordinario anziano signore. Prendete un testo a carattere diamante, e leggetelo ogni giorno alla luce artificiale, mettendolo sempre più vicino all'occhio finché è possibile leggerlo a quindici centimetri o meno. Oppure prendete un campione di carattere ulteriormente ridotto con la fotografia a dimensioni ancora minori rispetto al carattere diamante e fate la stessa cosa. In tal modo eviterete non solo la necessità di usare gli occhiali per leggere e per il lavoro da vicino, ma tutti quei problemi agli occhi che al giorno d'oggi così spesso rendono più scuri gli ultimi anni della vita.

La Prevenzione della Presbiopia è Facile

[8] Mentre è talvolta molto difficile curare la presbiopia, è fortunatamente molto facile prevenirla. Oliver Wendell Holmes ci ha detto come fare in "*The Autocrat of the Breakfast Table*", ed è stupefacente non solo che non sia stata prestata nessuna attenzione al suo consiglio, ma anche che noi dovremmo addirittura essere messi in guardia proprio contro la terapia che è stata scoperta essere così vantaggiosa nel caso che riporta:

"Vive nello stato di New York" dice, "un anziano signore, il quale, rendendosi conto che la sua vista stava calando, cominciò immediatamente ad esercitarla sui caratteri piccolissimi ed in questo modo si fece beffa della sciocca abitudine che ha la Natura di prendersi delle libertà quando si raggiungono i quarantacinque anni, o giù di lì. Ed ora questo signore compie le più straordinarie prodezze con la penna, dimostrando che i suoi occhi sono un paio di microscopi. Temo di non sapere con esattezza quante cose riesce a scrivere nel raggio di mezza moneta da dieci cent, se i Salmi o i Vangeli, o i Salmi e i Vangeli, non so essere preciso".

Le persone la cui vista sta cominciando a calare al punto prossimo, o che si stanno avvicinando all'età della presbiopia, dovrebbero imitare l'esempio di questo straordinario anziano signore. Prendete un testo a carattere diamante, e leggetelo ogni giorno alla luce artificiale, mettendolo sempre più vicino all'occhio finché è possibile leggerlo a quindici centimetri o meno. Oppure prendete un campione di carattere ulteriormente ridotto con la fotografia a dimensioni ancora minori rispetto al carattere diamante e fate la stessa cosa. In tal modo eviterete non solo la necessità di usare gli occhiali per leggere e per il lavoro da vicino, ma tutti quei problemi agli occhi che al giorno d'oggi così spesso rendono più scuri gli ultimi anni della vita.

La Prevenzione della Presbiopia è Facile

[7] Mentre è talvolta molto difficile curare la presbiopia, è fortunatamente molto facile prevenirla. Oliver Wendell Holmes ci ha detto come fare in "*The Autocrat of the Breakfast Table*", ed è stupefacente non solo che non sia stata prestata nessuna attenzione al suo consiglio, ma anche che noi dovremmo addirittura essere messi in guardia proprio contro la terapia che è stata scoperta essere così vantaggiosa nel caso che riporta:

"Vive nello stato di New York" dice, "un anziano signore, il quale, rendendosi conto che la sua vista stava calando, cominciò immediatamente ad esercitarla sui caratteri piccolissimi ed in questo modo si fece beffa della sciocca abitudine che ha la Natura di prendersi delle libertà quando si raggiungono i quarantacinque anni, o giù di lì. Ed ora questo signore compie le più straordinarie prodezze con la penna, dimostrando che i suoi occhi sono un paio di microscopi. Temo di non sapere con esattezza quante cose riesce a scrivere nel raggio di mezza moneta da dieci cent, se i Salmi o i Vangeli, o i Salmi e i Vangeli, non so essere preciso".

Le persone la cui vista sta cominciando a calare al punto prossimo, o che si stanno avvicinando all'età della presbiopia, dovrebbero imitare l'esempio di questo straordinario anziano signore. Prendete un testo a carattere diamante, e leggetelo ogni giorno alla luce artificiale, mettendolo sempre più vicino all'occhio finché è possibile leggerlo a quindici centimetri o meno. Oppure prendete un campione di carattere ulteriormente ridotto con la fotografia a dimensioni ancora minori rispetto al carattere diamante e fate la stessa cosa. In tal modo eviterete non solo la necessità di usare gli occhiali per leggere e per il lavoro da vicino, ma tutti quei problemi agli occhi che al giorno d'oggi così spesso rendono più scuri gli ultimi anni della vita.

La Prevenzione della Presbiopia è Facile

[4] Mentre è talvolta molto difficile curare la presbiopia, è fortunatamente molto facile prevenirla. Oliver Wendell Holmes ci ha detto come fare in "*The Autocrat of the Breakfast Table*", ed è stupefacente non solo che non sia stata prestata nessuna attenzione al suo consiglio, ma anche che noi dovremmo addirittura essere messi in guardia proprio contro la terapia che è stata scoperta essere così vantaggiosa nel caso che riporta:

"Vive nello stato di New York" dice, "un anziano signore, il quale, rendendosi conto che la sua vista stava calando, cominciò immediatamente ad esercitarla sui caratteri piccolissimi ed in questo modo si fece beffa della sciocca abitudine che ha la Natura di prendersi delle libertà quando si raggiungono i quarantacinque anni, o giù di lì. Ed ora questo signore compie le più straordinarie prodezze con la penna, dimostrando che i suoi occhi sono un paio di microscopi. Temo di non sapere con esattezza quante cose riesce a scrivere nel raggio di mezza moneta da dieci cent, se i Salmi o i Vangeli, o i Salmi e i Vangeli, non so essere preciso".

Le persone la cui vista sta cominciando a calare al punto prossimo, o che si stanno avvicinando all'età della presbiopia, dovrebbero imitare l'esempio di questo straordinario anziano signore. Prendete un testo a carattere diamante, e leggetelo ogni giorno alla luce artificiale, mettendolo sempre più vicino all'occhio finché è possibile leggerlo a quindici centimetri o meno. Oppure prendete un campione di carattere ulteriormente ridotto con la fotografia a dimensioni ancora minori rispetto al carattere diamante e fate la stessa cosa. In tal modo eviterete non solo la necessità di usare gli occhiali per leggere e per il lavoro da vicino, ma tutti quei problemi agli occhi che al giorno d'oggi così spesso rendono più scuri gli ultimi anni della vita.

Presbiopia, Causa e Cura

[10] Il primo paziente che ho curato dalla presbiopia sono stato io. Avendo dimostrato per mezzo di esperimenti sugli occhi di animali che la lente non è un fattore di accomodazione, mi resi conto che la presbiopia doveva essere curabile, e capii che non potevo cercare l'approvazione di tutti sulle conclusioni rivoluzionarie che avevo raggiunto, finché io stesso usavo gli occhiali a causa di una condizione che si ipotizzava fosse dovuta alla perdita del potere accomodativo del cristallino. A quel tempo soffrivo del massimo grado di presbiopia.

Non avevo alcun potere accomodativo e dovevo avere un completo equipaggiamento di occhiali, perché, per esempio, il paio che mi permetteva di leggere i caratteri piccoli a trentatré centimetri, era inutilizzabile per leggerli a trenta o a trentacinque. Il retinoscopio mostrava che, quando cercavo di vedere qualcosa al punto prossimo senza occhiali, i miei occhi mettevano a fuoco da lontano, e quando cercavo di vedere qualcosa distante, mettevano a fuoco al punto prossimo.

Il mio problema allora, fu trovare qualche modo per invertire questa condizione ed indurre gli occhi a mettere a fuoco per il punto che volevo vedere nel momento in cui lo volevo vedere. Consultai diversi oculisti, ma ciò che dicevo era come il discorso di San Paolo ai Greci, cioè assurdità. «Il tuo cristallino è duro come una pietra» dissero, «nessuno può fare qualcosa per te». Allora andai da un neurologo. Usò il retinoscopio su di me, e confermò le mie osservazioni per quanto riguarda la curiosa contraddizione della mia accomodazione; ma non aveva alcuna idea su cosa potessi fare. Avrebbe consultato alcuni suoi colleghi, disse, e mi chiese di tornare dopo un mese, cosa che feci. Mi disse che era giunto alla conclusione che c'era solo un uomo che mi avrebbe potuto curare, e che quello era il dottor William H. Bates di New York.
«Perché dici così?» gli chiesi.
«Perché sei l'unico che sembra saperne qualcosa», rispose.

Perciò, dovendo contare solo sulle mie forze, fui abbastanza fortunato da trovare un signore non proveniente dall'ambiente medico, che era disposto a fare quello che poteva per aiutarmi, il Reverendo R.B.B. Foote, di Brooklyn. Egli gentilmente usò il retinoscopio per molte ore lunghe e noiose, mentre io studiavo il mio caso, e cercavo di trovare una qualche maniera per accomodare quando volevo leggere, anziché quando volevo vedere qualcosa in lontananza. Un giorno, mentre stavo guardando una fotografia della Rocca di Gibilterra appesa al muro, notai dei punti neri sull'immagine. Immaginai che questi punti fossero le aperture di caverne, e che ci fossero delle persone in quelle caverne che si muovevano qua e là. Così facendo, i miei occhi misero a fuoco per la distanza di lettura. Poi guardai la fotografia alla distanza di lettura, ancora immaginando che i punti fossero caverne con persone dentro. Il retinoscopio mostrò che avevo messo a fuoco, e che ero capace di leggere i caratteri accanto alla foto. In realtà mi ero curato temporaneamente grazie all'uso dell'immaginazione. Più tardi scoprii che quando immaginavo le lettere di color nero ero capace di vederle nere, e che quando le vedevo nere ero capace di distinguerne la forma.

Il mio progresso dopo questo fatto non fu quello che si potrebbe definire rapido. Ci vollero sei mesi prima che potessi leggere i giornali con un certo agio, ed un anno prima di raggiungere la mia attuale ampiezza accomodativa di trentacinque centimetri, da dieci a quarantacinque centimetri (dagli occhi –n.d.t.); ma l'esperienza fu estremamente preziosa, poiché avevo in forma conclamata tutti i sintomi che avrei successivamente osservato in altri pazienti presbiti.

Fortunatamente per loro, per curare le altre persone mi ci volle raramente così tanto tempo quanto quello necessario per curare me stesso. In certi casi si raggiunse una cura completa e permanente in pochi minuti. Il perché non lo so. Non sarò mai soddisfatto finché non l'avrò scoperto. Un paziente che aveva usato gli occhiali per presbiopia per circa vent'anni fu curato in meno di quindici minuti grazie all'uso della sua immaginazione. Quando gli fu chiesto di leggere il carattere diamante, egli disse di non poterlo fare, perché le lettere erano grigie e sembravano tutte simili. Gli ricordai che i caratteri erano inchiostro da stampa e che non c'è nulla di più nero dell'inchiostro da stampa. Gli chiesi se avesse mai visto l'inchiostro da stampa. Rispose di sì. Ricordava quanto nero era? Sì. Credeva che queste lettere fossero tanto nere quanto l'inchiostro che ricordava? Sì, e allora lesse le lettere; e poiché il miglioramento della sua vista fu permanente, disse che lo avevo ipnotizzato. In un altro caso una persona presbite da dieci anni fu curata altrettanto velocemente con lo stesso metodo. Quando gli venne ricordato che le lettere che non riusciva a leggere erano nere, rispose che sapeva che erano nere, ma che sembravano grigie.
«Se sa che sono nere, e le vede ancora grigie», dissi, «le sta immaginando grigie. Supponga di immaginarle nere. Può farlo?».
«Sì», disse, «posso immaginare che sono nere». E cominciò a leggerle.

Queste cure estremamente veloci sono rare. In nove casi su dieci il progresso è stato molto più lento, e per raggiungere il rilassamento è stato necessario ricorrere a tutti i metodi che si sono rivelati utili nel curare altri errori di rifrazione (Bates 1920a).

Gli Effetti della Presbiopia

[10] I pazienti che sono stati curati dalla presbiopia, che è causata da affaticamento oculare, sono in grado di eseguire il loro lavoro in maniera più soddisfacente rispetto a quelli che hanno una vista imperfetta e usano occhiali. Riceviamo molti resoconti da pazienti che hanno avuto difficoltà nella loro particolare attività lavorativa ed hanno scoperto che portano a termine più cose e sono più precisi dopo che è stata curata la presbiopia. Di frequente, le persone di cinquant'anni o più perdono il posto di lavoro a causa di errori di calcolo e di errori commessi in qualsiasi altra attività loro assegnata. Non sempre viene detto loro il motivo del licenziamento. Essi vengono semplicemente licenziati e sostituiti da personale più giovane.

Uno dei miei pazienti, di sessantaquattro anni, mi riferì che, dopo aver lavorato fedelmente e assiduamente per quarant'anni nello stesso posto, fu informato dal responsabile della sua azienda che non era considerato più in grado di effettuare calcoli accuratamente. Fu uno shock per lui quando gli venne dimezzato lo stipendio e trasferito ad un altro reparto. Era presbite, ma fu curato con un trattamento senza occhiali. Durante un'assenza del sostituto più giovane, fu temporaneamente riassegnato alla sua precedente mansione. Il suo lavoro fu talmente preciso ed efficiente che il nostro anziano venne reintegrato in modo permanente nel ruolo.

Gli artisti hanno la medesima esperienza con i colori. Si può dimostrare che i colori, quando visti attraverso una lente di ingrandimento, diventano meno netti. Il bianco diventa una sfumatura di grigio, il nero diventa una sfumatura più chiara di nero. Si può anche dimostrare che gli oggetti visti attraverso gli occhiali non appaiono della stessa misura di quelli visti ad occhio nudo.

Molti artisti sono delusi del loro lavoro perché per qualche buona ragione sentono che non è apprezzato. Il grande errore che fanno, comune alle persone che soffrono di presbiopia, è credere che, poiché la loro capacità di leggere risulta migliorata con l'uso degli occhiali, anche la percezione dei colori e della forma tragga dal loro utilizzo un beneficio di egual misura. Non è sempre facile convincere gli artisti che gli occhiali in verità abbassano la loro vista non solo per i colori, ma anche per la forma (Bates 1926b).

La Stampa Minuscola

[10] Quando le persone sono capaci di leggere la stampa minuscola con vista perfetta a quindici centimetri o più, gli spazi bianchi tra le righe sono visti o immaginati più bianchi rispetto al resto della tabella.

L'abilità a immaginare che gli spazi bianchi fra le righe sono molto bianchi viene dalla memoria della neve bianca, dell'amido bianco o di qualsiasi cosa perfettamente bianca, ad occhi chiusi per quasi un minuto. Alcuni pazienti contano fino a trenta, mentre ricordano qualche oggetto o scena bianca ad occhi chiusi. Poi, aprendo gli occhi solo per un secondo, gli spazi bianchi tra le righe di lettere nere sono immaginati o visti molto più bianchi di prima. Alternando il ricordo di qualcosa di perfettamente bianco ad occhi chiusi, ad occhi aperti per pochi secondi e facendo un flash degli spazi fra le lettere, la vista o l'immaginazione degli spazi bianchi migliora.

Bisogna stare attenti a non fare sforzi o a guardare le lettere nere. Quando gli spazi bianchi fra le righe sono immaginati abbastanza bianchi o bianchi tanto quanto possono essere ricordati ad occhi chiusi e aperti, le lettere nere sono lette senza sforzo o tensione, o senza la consapevolezza di guardarle.

Molte persone scoprono che possono immaginare una sottile linea bianca laddove la parte inferiore delle lettere viene a contatto con gli spazi bianchi: questa linea sottile è molto bianca, e più sottile viene immaginata, più bianca diventa. Quando è immaginata perfettamente, si leggono le lettere senza rendersi conto di guardarle e la visione o l'immaginazione del bianco risulta parecchio migliorata. Si può immaginare che questa sottile linea bianca sia molto più bianca di qualsiasi altra parte della pagina, e ne consegue che viene più facilmente immaginata o vista di qualsiasi altra parte. Certo, gli occhi devono spostarsi dalla sottile linea bianca alle lettere per vederle, ma lo spostamento è fatto così rapidamente, così continuamente, così perfettamente che il lettore non si accorge che sta spostando continuamente. Quando la visione della sottile linea bianca è imperfetta, lo spostamento è lento ed imperfetto e la visione delle lettere è peggiore.

La memoria o l'immaginazione della sottile linea bianca è di solito così facile, così perfetta e così continua che ogni cosa guardata è vista con la massima visione. I pazienti con cataratta che imparano ad immaginare perfettamente questa sottile linea bianca, diventano molto presto capaci di leggere i caratteri piccolissimi senza sforzo o tensione, e la cataratta migliora o si riduce sempre. Pazienti con ipermetropia, astigmatismo, strabismo, malattie della retina e del nervo ottico ricevono comunque beneficio dalla memoria o dall'immaginazione della sottile linea bianca. Leggere caratteri piccoli con visione perfetta dà beneficio o migliora tutte le malattie organiche dell'occhio (Bates 1927).

Storie dalla Clinica~Tre Casi di Presbiopia

[9] Di regola in clinica giungono più bambini che adulti. Sono mandati da noi dalle scuole, di solito perché non riescono a vedere la lavagna. Ma durante la guerra fu sorprendente vedere arrivare molte donne. Erano per lo più impiegate nelle fabbriche dove si confezionavano le bandiere americane e non riuscivano a vedere a sufficienza per eseguire il lavoro correttamente, sebbene la loro vista da lontano sembrasse essere soddisfacente. Alcune avevano problemi nell'infilare il filo nella cruna dell'ago, altre si lamentavano di vedere doppio. Una mi disse che qualche volta si cuciva le dita assieme alle stelle nel campo blu della bandiera. Tutte chiedevano occhiali, certo, ma erano felici di apprendere che potevano essere curate, così da poter vedere senza di essi.

Tra queste pazienti molto interessanti c'era una donna di circa cinquant'anni che aveva un grande problema nell'infilare il filo nell'ago, e che mi pregò di aiutarla perché doveva fare questo lavoro per vivere. Parlava con un pronunciato accento irlandese, ed era molto divertente. La sua visione da lontano migliorò rapidamente con il *palming* e il gettare rapide occhiate sulle lettere della tabella di controllo di Snellen. A questo punto le suggerii di fare pratica con i caratteri piccoli a quindici centimetri dagli occhi. Anche se non vedeva le lettere, le dissi che l'avrebbe aiutata alternare le seguenti attività: riposare gli occhi chiudendoli per alcuni minuti, poi guardare le lettere piccole per un paio di secondi. Ottenne risultati immediati da questa pratica, e fu entusiasta nelle sue espressioni di apprezzamento.

«Sicuramente, signora, possano gli angeli buoni benedirla per questo!» esclamò, «io penso che in questo preciso momento sarei capace di infilare un filo nell'ago se lo avessi qui. Il mio vecchio marito e i ragazzi a casa penseranno ad una grazia ricevuta per il fatto che riesco a farlo».
Sembrava che per questo compito avesse sovente chiesto aiuto ai membri della sua famiglia, e che questi lo avessero trovato in qualche modo seccante.
Tornò da me il giorno seguente, e sebbene fosse pomeriggio mi salutò a gran voce alla maniera irlandese:
«Buonissimo giorno!»
«Buonissimo giorno a lei!» le dissi, e poi le suggerii di non parlare così forte, perché temevo che disturbasse gli altri pazienti. Comunque, non so se arrecò mai qualche fastidio. Tutti i pazienti sorridevano ai suoi commenti, anche quelli ebrei, che immagino non riuscivano a capirla. Mi fa bene vedere questi poveretti ridere un po', e penso che debba far bene anche a loro. Ella divenne presto capace di infilare il filo nell'ago senza problema, e volle che lo sapessero tutti i presenti nella stanza. L'ultima volta che la vidi disse:
«Certo, signora, i miei occhi sono ora molto acuti, perché nel momento esatto in cui do un'occhiata a mio marito appena torna a casa di notte, posso dire dal luccichio dei suoi occhi se ha bevuto qualcosa più forte dell'acqua o del tè».
Un'altra donna di quarantotto anni mi raccontò come la prima volta che venne in clinica pensava di essere arrivata nel posto sbagliato. Mezza dozzina di persone avevano gli occhi coperti con i palmi delle mani per farli riposare, e pensò che fosse un incontro di preghiera. Era quella che si era cucita le dita con le stelle della bandiera.

«Quello di cui ho bisogno sono degli occhiali» disse, «ed è per questo che sono qui»; ma presto la convinsi che gli occhiali non erano necessari.

Facendole chiudere e aprire gli occhi alternativamente, migliorò la vista sulla base della tabella di controllo Snellen da 15/40 (4,5m./12m.) a 15/20 (4,5m./6m.). Poi le diedi dei caratteri piccoli da leggere, ma per lei erano tutti offuscati. A quel punto le dissi di eseguire il *palming* e di immaginare che stava cucendo le stelle sulla bandiera. Quando aprì gli occhi la sua vista era peggiorata. Il solo pensiero di quelle stelle aumentò la tensione e le fece peggiorare la vista. Questo la convinse che il problema era dovuto alla tensione, e che tutto quello di cui aveva bisogno era sbarazzarsene. Così le chiesi di immaginare oggetti più gradevoli al punto prossimo; divenne immediatamente capace di leggere i caratteri piccoli, e pure la vista da lontano migliorò. Dopo quattro visite alla clinica la sua vista sia da lontano che da vicino divenne pressoché normale. Le era diventato piuttosto facile infilare un ago e fare il suo lavoro senza occhiali.

Una signora di settantaquattro anni, che aveva cominciato a frequentare la clinica da un po' di tempo, lavorava ogni giorno in un orfanotrofio dove riparava i vestiti dei bambini e si occupava di altri lavori di cucito. Si lamentava che i suoi occhiali non le andavano bene, e che con essi non riusciva più a vedere correttamente per cucire. Le diedi una piccola tabella con dei caratteri piccoli sul retro. «Ha intenzione di dirmi», chiese, «che sarò capace di leggerli?».
«E' possibile» risposi.

E' stato un piacere vedere il suo viso sorridente, mentre cercava di fare quello che le spiegavo. I caratteri erano più grandi su un lato del biglietto rispetto all'altro, e le chiesi di leggere il nome stampato a lettere più grandi. All'inizio non riuscì a farlo. Le dissi di chiudere gli occhi, contare fino a dieci, poi aprirli e guardare il biglietto mentre contava fino a due, e poi ripetere. In pochi minuti vide il nome sul biglietto e anche il numero di telefono. Le feci fare la stessa cosa con i caratteri diamante sul retro del biglietto, e dopo un po' fu in grado di vedere alcune lettere. Nelle visite successive ottenne un ulteriore miglioramento, e dopo alcuni mesi non ebbe difficoltà a cucire senza occhiali i bottoni sui vestiti dei bambini, sebbene, come diceva, alcuni di essi le stessero intorno e la tenessero occupata (Lierman 1921).

Da anziano di quarantotto anni a giovane di cinquanta

[10] Sono medico oculista da vent'anni e ho passato i diciott'anni antecedenti al 1923 a prescrivere occhiali ai miei pazienti indifesi. Tuttavia, negli ultimi due anni ho cercato di fare ammenda togliendo loro gli occhiali il più rapidamente possibile.

[9] E ho usato lenti convesse 2.25 D.S. da lontano e lenti convesse 4.25 per leggere: nei diciotto anni con gli occhiali, la mia vista da lontano peggiorò da più che normale ad un terzo del normale, e quella da vicino regredì così tanto che usavo lenti che in teoria sarebbero state adatte ad una persona di sessanta o settant'anni. Senza lenti potevo vedere solo i titoli più grandi dei giornali. Con gli occhiali avevo talvolta mal di testa e male agli occhi, e la vista da vicino era a volte così difettosa che avevo difficoltà a eseguire lavori di precisione di qualsiasi tipo.

Il primo giorno che andai in giro senza occhiali, tutto mi sembrava offuscato, ma sentivo che in qualche modo mi ero sbarazzato di catene particolarmente fastidiose. Era piacevole la sensazione dell'aria contro i miei occhi, e passeggiai qua e là per tutto il pomeriggio, cercando di abituarmi alla nuova condizione.

[10] Durante la prima settimana ebbi molti problemi a mettere in pratica i suggerimenti del libro del dottor Bates, specialmente con le immagini mentali. Ciò era semplicemente dovuto alla mia estrema tensione oculare, tuttavia la vista ebbe un continuo miglioramento grazie al *palming*, cosicché alla fine della terza settimana potevo leggere la riga 10/15 (3m./4,5m.) invece della riga 20/70 (6m./21m.). Ebbi solo un occasionale dolore oculare quando dimenticai di usare gli occhi in modo appropriato.

[9] Per migliorare la visione da vicino, necessitai di diverse visite dal dottor Bates ed egli risolse subito la maggior parte delle mie difficoltà. Usai molti dei metodi che lui propone per questo lavoro da vicino, ma ci vollero circa tre mesi prima che potessi leggere i caratteri piccoli: rinunciare alla lettura per tre mesi sembra un tempo estremamente lungo, ma conoscendo i vantaggi dopo un'esperienza di due anni senza occhiali, sarei disposto a rinunciarvi per un tempo anche maggiore. Molte persone della mia stessa età ottengono risultati in un lasso di tempo molto più breve rispetto a quello che ho impiegato io. Credo con sempre maggior convinzione che una persona non avrà completo controllo delle proprie facoltà mentali finché non si sarà sbarazzata dei propri occhiali. Che ci vogliano due settimane o due anni, il risultato giustifica la privazione.

Oggi, leggo abitualmente un'ora circa durante il giorno e tre o quattro ore di notte senza alcuna tensione agli occhi. In precedenza ero solito camminare con gli occhi fissi sul selciato a causa del disagio che mi provocava il fare attenzione ai passanti o agli oggetti; ora è un gran piacere esaminare le cose nei dettagli. Posso continuare a lavorare per nove ore sentendo più o meno la stessa fatica che prima percepivo solo dopo tre o quattro. In altre parole, il lavoro del dottor Bates mi ha trasformato da un anziano di quarantotto anni a un giovanotto di cinquanta. Da quando ho terminato la formazione in ospedale, per la prima volta mi diverto nella pratica medica, perché sono assolutamente certo che se i pazienti metteranno in atto le mie direttive, la loro condizione migliorerà (Darling 1925).

Vista degli Anziani

[8] Verso i quarant'anni moltissime persone senza precedenti problemi di vista presentano una certa difficoltà a leggere libri o giornali, sebbene la loro vista da lontano permanga buona. All'età di cinquant'anni o più, queste persone diventano meno capaci di leggere al punto prossimo o trovano impossibile leggere anche i titoli di un giornale in modo nitido o distinto. Questa condizione è detta "vista degli anziani", sebbene possa essere definita più precisamente come "vista imperfetta della mezza età". Il termine medico per questa forma di vista imperfetta è "presbiopia". La vista imperfetta si manifesta abbastanza comunemente durante la mezza età, ma può comunque verificarsi negli individui al di sotto dei trent'anni e più raramente nei bambini. Ci sono d'altro canto persone che anche a ottanta o novant'anni sono capaci di leggere bene come quando erano più giovani.

Si dice che la causa della presbiopia sia l'indurimento del cristallino fino al punto in cui l'occhio non riesce a mettere a fuoco al punto prossimo, per l'incapacità del cristallino indurito di cambiare la sua forma. Quasi tutti gli specialisti dell'occhio credono a questa teoria. Nel mio libro "*Perfect Sight Without Glasses*" ho descritto la prova che dimostra che questa teoria è sbagliata.

Un tempo io non ero in grado di leggere senza occhiali. Dopo aver scoperto che il cristallino non è un fattore dell'accomodazione, capii che la presbiopia poteva, in alcuni casi, essere curata. In seguito, avendo curato i miei stessi occhi mi fu chiaro che la vecchia teoria sulla causa della presbiopia era sbagliata. Da allora sono così tanti i pazienti che, incapaci di leggere senza occhiali, hanno recuperato, che sento che la maggioranza delle persone, se non tutte, possono essere curate. Nella mia esperienza non ho mai incontrato un caso di presbiopia che non potesse ricevere un beneficio temporaneo.

…

Alcuni anni fa, una signora di ottantasette anni fu visitata a causa della sua presbiopia. La tensione dell'occhio era così forte che non era stata capace di trovare degli occhiali che le andassero bene. In passato aveva sofferto di attacchi di emorragia in varie parti della retina, compresa la regione della macula. Al tempo della visita, comunque, le emorragie erano del tutto scomparse e la retina era normale.

Era molto preoccupata per i suoi occhi ed aveva molto da raccontare. Nella mia vita non ho mai sentito parlare una persona così rapidamente e dire così tante parole in così poco tempo. Si ripeteva più e più volte, e l'idea costante che cercava di enfatizzare era che lei era cieca e che nessuno avrebbe potuto darle alcun sollievo. All'inizio fu difficile per me persuaderla ad ascoltarmi. Dovetti aspettare che si fermasse per respirare, solo allora le diedi in mano un testo stampato a caratteri diamante, e le chiesi di leggere. Mi disse prontamente che era impossibile, che la stampa era troppo piccola e che quando cercava di leggerla, sentiva dolore, mal di testa e disagio.

Quando arrivò la mia seconda possibilità di parlare, le chiesi di immaginare che gli spazi bianchi tra le righe fossero perfettamente bianchi. Mi disse subito che questa cosa non l'avrebbe aiutata, che poteva mettere tra le righe tutto il bianco che desideravo e che era sicura che questo non sarebbe stato di alcun aiuto, malgrado ciò sosteneva di avere una meravigliosa immaginazione. Mi sembrava di sentire due voci allo stesso tempo. Una ripeteva costantemente che era impossibile leggere quei caratteri così piccoli, mentre l'altra li leggeva nello stesso tempo. Gli spettatori che si erano radunati attorno a lei, parenti, amici e domestici, erano entusiasti, e sembrava che tutti cercassero di dire qualcosa, di offrire suggerimenti e dare consigli. Prima che potessimo fermarla, questa anziana signora lesse l'intera tabella tanto rapidamente quanto avrebbe potuto farlo chiunque con una vista normale. Quando finì di leggere, e mentre lei stessa si domandava come fosse riuscita a farlo, le chiesi una spiegazione. Rispose:

«Quando mi ha chiesto di immaginare che gli spazi bianchi fra le righe fossero perfettamente bianchi, ho subito ricordato la vernice bianca. Con l'aiuto della mia immaginazione ho dipinto questi spazi bianchi con la vernice bianca e mentre lo facevo sono stata capace di leggere» (Bates 1925c).

Storie dalla Clinica ~ Presbiopia

[7] Ho recentemente avuto alcuni casi di presbiopia che sono stati curati in breve tempo. Il primo riguarda una donna di sessantatré anni che si guadagnava da vivere facendo la ricamatrice. Aveva usato occhiali per più di trent'anni e negli ultimi due il suo oculista aveva avuto difficoltà nel prescriverle lenti che le andassero bene. Aveva comprato il suo ultimo paio il giorno prima di venire da me, e mi disse che l'avevano resa così nervosa ed irritabile che non riusciva ad usarli per più di mezza giornata.

La sua vista da lontano era normale, 15/15(4,5 m./4,5 m.) in ciascun occhio. Le diedi una piccola tabella di prova da tenere in mano, con stampati sul retro I Fondamentali del dottor W. H. Bates, e le chiesi di leggere quello che poteva. La signora lo mise ad una distanza pari alla lunghezza del braccio e disse che sapeva che c'era qualcosa stampato sulla tabella, ma che non era in grado di dire cosa fosse. Disperata mi guardò e mi disse: «Temo che sarà dura per lei riuscire a farmelo leggere». Le diedi il piccolo libretto contenente i caratteri microscopici e una piccola tabella con i caratteri diamante. Le misi il libretto sulla parte più bassa della tabella dei Fondamentali e la tabella con i caratteri diamante al centro. Le dissi di tenerli a circa trenta centimetri dagli occhi e di non preoccuparsi di leggere i caratteri stampati. La paziente mi guardò allibita, meravigliandosi del fatto che fosse possibile curare la presbiopia in questo modo.

Siccome era ottimista, fu facile per me trattarla. Era a conoscenza che molte persone erano state curate dal dottor Bates ed era disposta a credere che potevo fare per lei quello che era stato fatto per altri. Le dissi di guardare i piccoli spazi bianchi fra le righe dei caratteri stampati nel libretto, di chiudere gli occhi e di ricordare gli spazi bianchi. Era in grado di ricordarli bianchi a occhi chiusi. Le dissi poi di aprire gli occhi e di guardare ancora gli spazi bianchi. Disse che le apparivano più bianchi rispetto alla prima volta. Di nuovo, le chiesi di chiudere gli occhi e di ricordare gli spazi bianchi e di riaprirli per meno di un secondo, guardare gli spazi bianchi del biglietto con i caratteri diamante, chiudere gli occhi e ricordare gli spazi bianchi; poi aprire gli occhi per un secondo e guardare gli spazi bianchi della tabella dei Fondamentali. La invitai a continuare così mentre uscivo dalla stanza. La lasciai da sola per quasi mezz'ora. Prima di andarmene la avvisai di non provare a leggere i caratteri stampati, dicendole che doveva fare solo dei flash sugli spazi bianchi.

Quando ritornai, mi guardò spaventatissima e disse: «Che cosa devo fare, non posso fare a meno di dirle la verità, riesco a leggere questa tabella dei Fondamentali». Notai che la teneva a venti centimetri anziché trenta. Lesse una frase dopo l'altra. Le dissi di fare attenzione a non fissare i caratteri e di assicurarsi di guardare gli spazi bianchi sotto la frase che stava leggendo invece che le lettere. Dopo aver letto una frase della tabella dei Fondamentali, si spostava verso gli spazi bianchi del libretto blu e poi verso gli spazi bianchi del biglietto piccolo, e di nuovo indietro alla tabella dei Fondamentali. La sessione durò un'ora. Le dissi di telefonarmi il giorno dopo nel caso si fosse dimenticata le mie istruzioni. Mi chiamò per dirmi che era in grado di leggere alcune parti della Bibbia, così come tutto il testo della tabella dei Fondamentali. Avendo letto il mio libro prima di venire per la seduta, sapeva che fissare produceva molto disagio e si rendeva conto che doveva sbattere le palpebre frequentemente. La sua conoscenza circa i benefici dell'ammiccamento l'aiutò a curarsi più velocemente rispetto ad un tipico caso dello stesso genere. L'ultima volta che telefonò riferì che ricamare le riusciva molto più facile, aveva eliminato del tutto gli occhiali e promise di non metterli ma più.

Il secondo paziente era un uomo di cinquantotto anni, un impiegato di banca. Aveva sentito di un funzionario dello stesso istituto che era stato curato dal dottor Bates. Si procurò il mio libro e quello del dottor Bates,"*Perfect Sight Without Glasses*", presso la biblioteca pubblica. Comprese le indicazioni descritte in ciascun libro ma a volte non riusciva ad ottenere buoni risultati, così venne da me per essere aiutato.

Fu misurata la sua vista da lontano e lesse 15/30 (4,5m./9m.) con ciascun occhio separatamente, sebbene vedesse alcune lettere sdoppiate. Si lamentava di mal di testa e accusava dolore nella parte posteriore degli occhi, specialmente mentre lavorava. Gli fu chiesto di fare *palming* immaginando di eseguire conteggi e riferì che ciò gli causava maggiore tensione e disagio alla testa e agli occhi; aggiunse che sarebbe stato impossibile fare *palming* durante le ore di lavoro. Gli risposi che non sarebbe stato necessario, che c'erano altre cose che avrebbe potuto fare per evitare il mal di testa e la tensione agli occhi. Gli insegnai a sbattere le palpebre e a fare *shifting* (spostamenti) tutto il giorno come fa un occhio normale per mantenere gli occhi sani e rilassati. Gli fu detto di ricordare qualcosa nei dettagli, facilmente e senza sforzo. Riferì che riusciva a ricordare l'oceano con la marea che si alzava e che ogni sette onde ne arrivava una molto grande. La conoscenza del gioco del calcio lo aiutò ad immaginare la dimensione, il colore e la forma del pallone. Tutti questi piccoli dettagli che miglioravano la memoria lo aiutarono a rilassare la mente mentre gli occhi erano chiusi.

Dopo dieci minuti, gli fu detto di mettersi in piedi, con le gambe separate in modo che fra un piede e l'altro ci fosse una distanza di trenta centimetri, e di fare oscillare il corpo a destra e poi a sinistra. Poiché era vicino alla finestra, lo invitai a guardare lontano e a notare come gli oggetti si muovevano assieme al suo corpo, agli occhi e alla testa, mentre le cose più vicine sembravano muoversi in senso contrario. Disse che sperava che l'avrei lasciato fare per un po', perché il brutto mal di testa che aveva quando era arrivato gli stava passando. Allora gli proposi di continuare con l'oscillazione, guardando fuori dalla finestra e poi verso la tabella di prova: non appena guardava una lettera gli dicevo di guardare lontano, senza smettere di oscillare. Questa volta lesse 15/10 (4,5m./3m.) con ciascun occhio separatamente. Quando gli diedi la tabella dei Fondamentali da leggere, riuscì a vedere solo la frase n.2, tutto il resto del biglietto era per lui molto offuscato. Di nuovo lo guidai a mettersi in piedi ed oscillare e notare come gli oggetti distanti si muovessero assieme agli occhi e al corpo, mentre le cose vicine apparivano muoversi in senso opposto.

Poi lo feci sedere su una sedia con la schiena al sole e gli dissi di ricordare l'oscillazione del corpo ad occhi chiusi. In breve tempo cominciò a far pratica di nuovo con la tabella dei Fondamentali, e questa volta lesse fino alla frase n.6 immaginando che gli spazi bianchi fossero più bianchi di quello che erano in realtà. Lo osservai mentre cercava di leggere oltre e quando cominciò a leggere i caratteri piccoli, fermò inconsciamente l'ammiccamento e fissò il testo. Notai che la fronte gli si corrucciò e che strizzò gli occhi fino a quasi chiuderli per leggere. Interruppi quello che stava facendo e gli chiesi di chiudere gli occhi velocemente e di dirmi come li sentiva. Aveva prodotto una tensione che gli faceva dolere la testa e gli occhi. Gli ricordai che strizzare gli occhi, fissare e fare uno sforzo producono tensione. Mentre teneva gli occhi coperti con il palmo di una mano, egli osservò: «Ora capisco che cosa devo fare tutto il giorno per vedere senza sforzare». Gli spiegai che quando i pazienti scoprono da sé che fissare lo sguardo causa tensione e dolore, vengono curati molto più velocemente rispetto ad altri che non si rendono conto di questo fatto. Fu curato in tre visite.

Il mio terzo caso di presbiopia, per il cui trattamento ci volle un po' più di tempo, fu un'insegnante di musica di quarantanove anni. Fu molto difficile convincerla che avrei potuto aiutarla. La sua vista misurata con la tabella di prova con ciascun occhio era normale, 15/15 (4,5m./4,5m.). Quando le diedi la tabella dei Fondamentali da leggere, era del tutto certa che non avrebbe mai potuto riuscirci senza i suoi occhiali. Le diedi un numero della rivista "*Better Eyesight*" e le dissi di guardare il titolo. Affermò che riusciva a vederlo, ma che il carattere era offuscato quando lo teneva ad una distanza dagli occhi pari alla lunghezza del braccio.

Le chiesi di chiudere gli occhi e di eseguire il *palming* con una mano e di ricordare una delle lettere della tabella di prova che aveva letto a quattro metri e mezzo. Poi, in meno di un momento, la invitai a togliere la mano dagli occhi e a guardare gli spazi bianchi della tabella dei Fondamentali. Lo fece un po' di volte, poi cominciò a sorridere. Ammise che la stampa cominciava a diventare nitida, ma che presto sfumava e di nuovo non riusciva a leggerla. Quando le chiesi di evitare di guardare il carattere, rise. Immediatamente mi convinsi che questo era il modo con il quale leggeva i suoi spartiti musicali: guardava direttamente le note, e la sua vista si abbassava quando fissava. Chiudendo gli occhi e ricordando gli spazi bianchi, poi aprendoli e guardandoli di nuovo, le parole cominciarono a diventare nitide e lei divenne una persona molto diversa. Quando riuscì a fare come le avevo indicato, lesse la frase n. 3 della tabella dei Fondamentali: la visitai una volta alla settimana per più di un mese prima che fosse capace di leggere l'intera tabella a venti centimetri dagli occhi. Le suggerii di mettere la piccola tabella nera di prova sul pianoforte vicino allo spartito e di fare frequentemente dei flash su una lettera della tabella; poi di leggere la musica. In questo modo fu curata. Non tutti i pazienti possono essere trattati alla stessa maniera, non importa quale sia il problema ai loro occhi. L'affaticamento della vista dipende molto dalla mente, e il dottor Bates lo ha dimostrato con certezza (Lierman 1927).

Fissazione centrale

[8] La cura della presbiopia si ottiene attraverso una pratica oculare che assicura la fissazione centrale.
Si insegna ai pazienti a guardare le lettere della tabella di controllo di Snellen, prima le lettere più piccole a tre o sei metri, in modo da vedere più nera o più nitida una piccola parte di ciascuna lettera rispetto al resto della lettera stessa.

Dopo aver ottenuto una vista normale da lontano, si continua ad addestrare l'occhio a vedere le lettere piccole alla distanza di lettura. Si sceglie un punto o una virgola: il paziente guarda una lettera vicino al punto oppure guarda lontano da esso finché è in grado di notare che il punto è meno nero o meno nitido. Dopodiché guarda una lettera più vicina al punto, viene quindi ridotta la distanza dal punto, finché con la pratica il paziente vede meno nero il punto quando guarda un altro punto appena poco più in là, ad una distanza pari all'ampiezza di una piccola lettera. A questo stadio è in grado di leggere i caratteri stampati.

In seguito lo si incoraggia a far pratica tenendo il testo a caratteri piccoli più vicino agli occhi finché non riesce a leggere a dieci centimetri di distanza il carattere Jaeger No.1.[15]

Alcuni pazienti ottengono un miglioramento in pochi giorni. Non si raggiunge mai un miglioramento permanente, senza la pratica costante o quotidiana di leggere il carattere diamante senza occhiali ad una distanza compresa fra dieci e cinquanta centimetri. Ci sono pazienti di sessanta, settanta e ottant'anni che hanno ottenuto miglioramenti in breve tempo. L'efficienza dell'occhio aumenta di molto e leggono molto più rapidamente che con gli occhiali, e senza dolore o affaticamento (Bates 1915).

Fissazione centrale

[6] La cura della presbiopia si ottiene attraverso una pratica oculare che assicura la fissazione centrale.
Si insegna ai pazienti a guardare le lettere della tabella di controllo di Snellen, prima le lettere più piccole a tre o sei metri, in modo da vedere più nera o più nitida una piccola parte di ciascuna lettera rispetto al resto della lettera stessa.

Dopo aver ottenuto una vista normale da lontano, si continua ad addestrare l'occhio a vedere le lettere piccole alla distanza di lettura. Si sceglie un punto o una virgola: il paziente guarda una lettera vicino al punto oppure guarda lontano da esso finché è in grado di notare che il punto è meno nero o meno nitido. Dopodiché guarda una lettera più vicina al punto, viene quindi ridotta la distanza dal punto, finché con la pratica il paziente vede meno nero il punto quando guarda un altro punto appena poco più in là, ad una distanza pari all'ampiezza di una piccola lettera. A questo stadio è in grado di leggere i caratteri stampati.

In seguito lo si incoraggia a far pratica tenendo il testo a caratteri piccoli più vicino agli occhi finché non riesce a leggere a dieci centimetri di distanza il carattere Jaeger No.1.

Alcuni pazienti ottengono un miglioramento in pochi giorni. Non si raggiunge mai un miglioramento permanente, senza la pratica costante o quotidiana di leggere il carattere diamante senza occhiali ad una distanza compresa fra dieci e cinquanta centimetri. Ci sono pazienti di sessanta, settanta e ottant'anni che hanno ottenuto miglioramenti in breve tempo. L'efficienza dell'occhio aumenta di molto e leggono molto più rapidamente che con gli occhiali, e senza dolore o affaticamento.

Fissazione centrale

[4] La cura della presbiopia si ottiene attraverso una pratica oculare che assicura la fissazione centrale.
Si insegna ai pazienti a guardare le lettere della tabella di controllo di Snellen, prima le lettere più piccole a tre o sei metri, in modo da vedere più nera o più nitida una piccola parte di ciascuna lettera rispetto al resto della lettera stessa.

Dopo aver ottenuto una vista normale da lontano, si continua ad addestrare l'occhio a vedere le lettere piccole alla distanza di lettura. Si sceglie un punto o una virgola: il paziente guarda una lettera vicino al punto oppure guarda lontano da esso finché è in grado di notare che il punto è meno nero o meno nitido. Dopodiché guarda una lettera più vicina al punto, viene quindi ridotta la distanza dal punto, finché con la pratica il paziente vede meno nero il punto quando guarda un altro punto appena poco più in là, ad una distanza pari all'ampiezza di una piccola lettera. A questo stadio è in grado di leggere i caratteri stampati.

In seguito lo si incoraggia a far pratica tenendo il testo a caratteri piccoli più vicino agli occhi finché non riesce a leggere a dieci centimetri di distanza il carattere Jaeger No.1.

Alcuni pazienti ottengono un miglioramento in pochi giorni. Non si raggiunge mai un miglioramento permanente, senza la pratica costante o quotidiana di leggere il carattere diamante senza occhiali ad una distanza compresa fra dieci e cinquanta centimetri. Ci sono pazienti di sessanta, settanta e ottant'anni che hanno ottenuto miglioramenti in breve tempo. L'efficienza dell'occhio aumenta di molto e leggono molto più rapidamente che con gli occhiali, e senza dolore o affaticamento.

Risorse

Link su internet. Per i link alle varie pagine internet elencate in questo libro visitate www.readwithoutglasses.com.

Libri. Visions of Joy ha pubblicato diverse raccolte in lingua inglese degli scritti migliori di Bates. Questi libri sono utili per chiunque stia intraprendendo il processo di miglioramento naturale della vista. Sono tutti disponibili all'indirizzo www.visionsofjoy.org.

Libro e E-book:
- **Bates Method Nuggets.**
  I Fondamentali del Recupero Naturale della Vista del dottor W.H. Bates. 22 capitoli, 128 pp. A cura di Esther Joy van der Werf (in inglese).

Come E-book:
- **Better Eyesight.**
  La collezione completa delle riviste mensili del dottor Bates, con guida alla ricerca, tutte le 132 riviste, 771 pp. A cura di Esther Joy van der Werf (in inglese).

"Bates Method View"-series. In inglese. Formato E-book di raccolte di scritti del dottor Bates per specifici difetti refrattivi. Ogni e-book include inoltre un sommario dei metodi utilizzati dal dottor Bates per curare la specifica problematica visiva. Ciascuna raccolta è stata compilata da Esther Joy van der Werf.

- **The Bates Method View of Presbyopia**
- **The Bates Method View of Cataracts**
- **The Bates Method View of Conical Cornea**
- **The Bates Method View of Floating Specks**
- **The Bates Method View of Glaucoma**
- **The Bates Method View of Nystagmus**
- **The Bates Method View of Retinitis Pigmentosa**
- **Eye Education in our Schools**

Altre pubblicazioni:
- **La Bibbia in miniatura** con stampa microscopica. In inglese (disponibile su www.visionsofjoy.org).
- Altri libri sul miglioramento della vista di altri autori sono elencati su www.visionsofjoy.org.

Altri metodi che possono aiutarvi a prevenire e a curare la presbiopia:

- **Ray Gottlieb,** O.D., Ph.D., ha sviluppato un sistema basato sul Metodo Bates, però fa un passo in avanti per quanto riguarda la presbiopia. Il suo programma per curare la presbiopia si chiama *"The Read Without Glasses Method"*. È possibile acquistarlo su www.withoutglasses.com.
  Ray Gottlieb è un optometrista con quarant'anni di esperienza specializzato in optometria comportamentale e terapia della visione. Ha lavorato presso tre facoltà di optometria e una di medicina, ed è preside del College di Syntonic Optometry (Pittsburgh, PA, USA) dal 1984. Ha curato la sua miopia usando le pratiche di Bates nel 1972. La sua tesi di dottorato, *A Psychoneurology of Nearsightedness* (1978), esplora l'approccio di Bates alla vista e alla riduzione della miopia.
  Gottlieb ha sviluppato gli esercizi che sono alla base de *The Read Without Glasses Method* nella sua pratica privata nel 1976. Il suo libro *"Attention and Memory Training: Stress-Point Learning on the Trampoline"* è stato pubblicato nel 2005. Scrive e presenta seminari e conferenze su Bates, presbiopia, addestramento all'attenzione visiva e syntonics (fototerapia optometrica). Durante l'estate utilizza il suo addestramento visivo per migliorare le capacità di apprendimento degli studenti di pianoforte di livello avanzato presso il Chautauqua Institution a New York.

- **Sarah Cobb**, optometrista Acu Light Vision, ricerca gli effetti della terapia a luce colorata (Syntonics) sulla presbiopia e i risultati finora ottenuti sono promettenti.
  Nei trentacinque anni dedicati alla ricerca nel campo della visione, Sarah Cobb ha lavorato in qualità di terapista optometrico della visione, direttrice di due riviste nel campo della terapia con luce colorata, amministratore del College of Syntonic Optometry, ed infine ha sviluppato Acu Light Vision Enhancement, un sistema che si rivolge alla causa sottostante ai problemi visivi usando frequenze specifiche di luce sui punti di agopuntura attorno agli occhi e nel corpo. Per prima cosa, Sarah ha curato la propria condizione di presbiopia migliorando una diottria nei primi tre mesi di terapia con la luce. Dall'età di sessantaquattro anni non ha avuto più bisogno degli occhiali da lettura. Negli ultimi dieci anni ha tenuto seminari in tutto il mondo relativi ad una varietà di argomenti riguardanti la vista che includono ora anche il rimedio per la presbiopia. Il suo indirizzo email è eyeamsarah@hotmail.com.

Note

Prefazione

1. Si definisce punto prossimo quel punto che il cristallino, nella condizione di massima contrazione, riesce a mettere a fuoco. Se si considera la rotazione dell'occhio attorno al suo centro, punto remoto e punto prossimo definiscono ciascuno un settore di superficie sferica (Atchison 1992). Nel caso di un occhio emmetrope, che riesce cioè a mettere a fuoco correttamente sia un oggetto vicino che lontano, il punto remoto giace all'infinito, mentre il punto prossimo è posto a circa 30 cm dall'apice corneale. Se questo non accade si dice che l'occhio è ametrope o che l'occhio è affetto da errore rifrattivo, cioè non è capace di mettere a fuoco gli oggetti sulla retina (Alonso e Alda 2003).

2. Il verbo "invertire" è usato in questo libro per indicare il recupero della visione nitida attraverso metodi naturali. Non si è tradotto in italiano con il termine "corregereg" perché sarebbe fuorviante rispetto ai concetti qui espressi. L'idea di base è quella che nel processo di recupero della visione non c'è nulla di "sbagliato" da correggere, ma ci sono dei meccanismi fisiologici da recuperare.

Introduzione

3. Per un elenco di Educatori di Visione Naturale potete consultare www.visionsofjoy.org.

Passo 1. Ed ecco la vostra vista offuscata!

4. Ammiccamento in fisiologia è l'atto involontario di aprire e chiudere rapidamente gli occhi sbattendo delicatamente le palpebre. Il verbo ammiccare utilizzato in questo testo si riferisce unicamente a questo gesto naturale dell'occhio. In inglese il verbo corrispondente è *blink*, che è di fatto onomatopeico del gesto di sbattere le palpebre. Ammiccare riguarda solo il battito delle palpebre senza il corrugamento dei muscoli pellicciai del viso: quando fatto in quest'ultimo modo è segno di tensione e di sforzo.

5. Per trovare un optometrista comportamentale vicino a voi consultare www.visionsofjoy.org.

6. Occhiali da vista a prezzi accessibili possono essere acquistati online. Visitate www.visionsofjoy.org.

7. Occhiali stenopeici: consultare www.visionsofjoy.org.

Passo 2. È tempo di un buon riposo

8. Una lampadina a luce incandescente da 250W è paragonabile (in lumen almeno) ad una lampadina fluorescente compatta da 55W (CFL). Lo spettro di una luce incandescente è più simile alla luce del sole e pertanto preferibile alle CFL.
   Una ricerca francese mette in guardia sull'uso delle luci LED per i rischi alla salute e alla vista. Potete leggere l'articolo in www.visionsofjoy.org. Finché non sarà disponibile una ricerca più approfondita, è consigliabile limitare l'uso delle luci LED il più possibile.

9. Tratto da "Chinese Acupuncture Points for the Eyes," un grafico di Deborah Banker, M.D., distribuito durante la sua conferenza al North American Vision Conference del 2004.

10. "Worldwide Distribution of Visual Refractive Errors and What to Expect at a Particular Location". Presentazione all'*International Society for Geographic and Epidemiologic Ophthalmology* a cura di David W. Dunaway e di Ian Berger. (Presentato anche all' Affordable Vision Correction Conference dal Ian Berger e K. Mistry, 7-9 August 2004, Oxford University, UK, http://www.affordable-vision-correction.org/prog.html).

Passo 3. Iniziate dalla via facile

11. Esempi di lampade a spettro completo si trovano sul sito www.visionsofjoy.org.

Passo 10. Leggere le avvertenze a lume di candela

12. Da una mia piccola ricerca ho scoperto che la tipografia e le sue dimensioni di carattere non sono una scienza esatta! I caratteri hanno dei nomi, come brilliant, diamond, pearl, nonpareil, garamond, pica, etc. Originariamente ciascuno di questi nomi rappresentava una specifica dimensione di carattere, ad esempio il nonpareille corrispondeva a metà pica e il garamond equivaleva a un doppio pearl. Nel XVII e XVIII secolo gli sforzi per uniformare le dimensioni dei caratteri nella tipografia condussero ad una misura comune: 'printer points'. Un pollice (2,54 cm) corrisponde a 72 points.
    Ne *The Practice of Typography* di T. L. DeVinne (1914) il carattere diamante è catalogato di 4.5 points, ma nella metà dell'Ottocento era di 4.1, 4.2 o 4.3 points, a

seconda di quale fonderia ci si rivolgesse. (Fonti: William Savage, *Dictionary of Printing*, 1842, p. 802. *Printer's Miscellany*, New York, July 1857).

Oltre a queste piccole differenze, la dimensione reale di un punto di stampa variava a seconda di come i tipografi in Francia, Olanda, Inghilterra, Germania e Stati Uniti sviluppavano i rispettivi sistemi di stampa.

Per aggiungere ancora confusione a quella finora presente, Bates equiparò il carattere diamante a jaeger 1 in "Treatment of Myopia without Glasses" (un articolo pubblicato in *The Medical Record*, January 27, 1894, pp. 104-106). Secondo *Near Visual Acuity Tests* di M. Sachsenweger (1987, p. 24), jaeger 1 equivale a 3 printer points (vedi anche nota 13).

Invece di cercare di determinare la vera dimensione del carattere diamante, se ne esiste una, ho scelto di avvicinarmi il più possibile all'"esemplare di carattere diamante" stampato a p. 195 del libro di Bates del 1920 *Perfect Sight Without Glasses*. La dimensione 5 points del carattere times new roman che uso come diamante è vicina alla dimensione 4 points del libro di Sachsenweger, può essere anche 4.5 points, ma non è così importante questo dettaglio se comunque si ottiene lo scopo a cui serve. Confido che sarete d'accordo.

13. *The Practice of Typography* di T. L. DeVinne riferisce a p. 68 che Henri Didot, un tipografo di Parigi, creò un carattere di 2.5 points nel 1827 che chiamò "microscopico". Il carattere usato in questo libro come stampa microscopica è times new roman 2 points, che è leggermente più grande della stampa microscopica a p. 195 di *Perfect Sight Without Glasses*.

Storie per trovare l'ispirazione

14. Dalla personale corrispondenza dell'autrice con Trudy Eyges, maggio-luglio 2013.
15. Jaeger 1 ha una dimensione tipografica di N-3, che corrisponde a questa grandezza:

_{Questo è jaeger1. ~ Il vostro obiettivo è leggere questo senza occhiali. Sì, si può! La pratica rilassata dona visione perfetta...}

Quando riuscite a leggere jaeger1 a trenta centimetri dagli occhi, l'acuità visiva da vicino è del 100%, o l'equivalente di 20/20 (6 m./6 m.) per la vista da lontano. Il terzo riquadro a p.116 è stampato in times new roman dimensione 4, equivalente a jaeger 1.

Tabelle di pratica

Nei dizionari medici una tabella di controllo visivo è definita come "una tabella di lettura ad una distanza stabilita allo scopo di testare la vista". Pensateci per un momento: quando la vostra vista viene "testata" in condizioni rigide, è possibile che ci proviate ad ogni costo e che vi sforziate per "superare" questo test. Adesso sapete che sforzare per vedere non è il mezzo per ottenere i risultati che volete.

E se cambiassimo prospettiva? Invece di usare il termine "tabella di controllo", io preferisco usare il termine "tabella di pratica". Fate pratica con queste tabelle rimanendo rilassati, non testate la vostra vista con esse. Quanto più vi abituate a guardarle restando rilassati, tanto più le lettere vi appariranno come esse sono veramente: distinte, nere e facili da leggere.

Questa sezione contiene diverse tabelle di pratica e tabelle più piccole per la visione da vicino. Vanno tagliate lungo i trattini e usate durante la lettura del libro.

pp.142-143: istruzioni su come usare le tabelle di pratica per monitorare i progressi della vostra acuità visiva, assieme ad una comoda tavola di consultazione che fornisce le indicazioni sulla dimensione delle lettere della tabella di pratica.

p.144: scheda di registrazione di acuità visiva.

pp.145-147: tabella di pratica di dimensione media, per i Passi 3, 6 e 7.

p.149: due tabelle piccole identiche per la pratica della vista da vicino, per i Passi 6 e 7.

Online: tabella di pratica grande (per i Passi 3 e 6) scaricabile gratuitamente da www.visionsofjoy.org

p.151: tabella dei Fondamentali di Bates con dimensioni di carattere che variano da 18 a 6.

p.153: tabelle di pratica con stampa diamante e microscopica.
"Le Sette Verità della Vista Normale" in carattere diamante (dimensione del carattere 5), e due pagine del libro di Bates *Perfect Sight Without Glasses* in stampa microscopica (dimensione del carattere 2).

p.155: due tabelle di pratica in carattere diamante.

p.157: tabella "Vista migliore~Secondo Natura", per una pratica eccellente di lettura. Le dimensioni del carattere variano da 16 a 3, e da 100 a 5 sul retro.

[14] Come usare una tabella di pratica per monitorare i vostri progressi

In base al vostro livello iniziale di vista, usate la tabella di pratica piccola o media alla distanza di trenta centimetri dagli occhi. Se da questa posizione la tabella appare molto offuscata, tenetela alla distanza dove potete leggerne la maggior parte (quattro o cinque righe) con facilità senza gli occhiali e misurate questa distanza dagli occhi.

Dopo aver controllato l'acuità con entrambi gli occhi aperti, coprite l'occhio destro con la mano destra e prendete nota dell'acuità dell'occhio sinistro. Ritornate ad usare entrambi gli occhi per qualche momento prima di coprire l'occhio sinistro con la mano sinistra per controllare l'acuità dell'occhio destro. (Non importa con che ordine controllate i vostri occhi). Scrivete i risultati sulla tabella di p. 146.

Potete registrare l'acuità visiva come segue (tutti i numeri delle tabelle sono espressi in piedi e 1 piede corrisponde a circa 30 cm - n.d.t.): scrivete la distanza a cui avete messo la tabella di pratica prima della barra (/). Dopo la barra scrivete il numero che trovate vicino all'ultima riga di lettere che siete riusciti a leggere. Ecco un esempio:

Emma mette la tabella alla distanza di 1 foot/piede dagli occhi (30 cm). Con entrambi gli occhi riesce a leggere gran parte della riga numero 5 (1,5m) e il numero espresso in feet (piedi) si trova scritto in tabella alla fine di ciascuna riga a cui si riferisce. Emma prende nota dell'acuità visiva di entrambi gli occhi così: **1 / 5 (30 cm/150 cm)**. Alla stessa distanza, copre l'occhio destro e con l'occhio sinistro riesce a leggere solo le lettere della riga 7, ma non quelle della riga 5, così l'acuità del suo occhio sinistro è così riportata: **1 / 7 (30 cm/210 cm)**. Quando passa a coprire l'occhio sinistro (lasciando qualche momento di riposo al destro per accomodare), Emma legge la riga 5, ma non ancora la riga 4, così l'occhio destro ha una acuità di **1 / 5**. Se Emma riconosce una lettera sulla riga 4 ma non il resto, può specificarlo scrivendo **1 / 5** [+1]. Se le manca una lettera sulla riga 5 e riconosce correttamente le altre su quella riga, scriverà **1 / 5** [-1].

Le dimensioni dei caratteri delle righe delle tabelle di pratica sono fornite sotto.

Chi possiede una vista da vicino normale è capace di leggere la riga 1 a trenta centimetri, ma molte persone possono fare ancora meglio e leggere la riga 1 a quindici centimetri o anche a dieci centimetri.

Dimensioni delle lettere delle tabelle di pratica

Riga della tabella:	Dimensione del carattere Arial Grassetto:
200	355
100	177
80	142
50	89
40	71
30	53
25	44.5
20	35.5
15	26.5
10	17.5
7	12.5
5	9
4	7
3	5.5
2	4.5
1	3

I numeri della colonna di sinistra sono tutti espressi in piedi, e 1 piede equivale a 30 cm circa. Nelle tabelle di pratica questi numeri sono posti a destra della riga di lettere.
Così 200 piedi corrispondono a 60 metri, 100 piedi a 30 metri, 80 piedi a 24 metri, 50 piedi a 15 metri, e così via.

La vostra scheda di registrazione dell'acuità visiva

Registrate i vostri progressi

Una volta alla settimana registrate l'acuità visiva qui sotto. La vostra visione può essere molto differente di notte con la luce artificiale rispetto al giorno con la luce brillante del sole, quindi prendete sempre nota delle condizioni di luce. Se sapete quali erano le condizioni di luce, potete fare un confronto valido di settimana in settimana. Per esempio, se una settimana controllate la vostra vista a mezzogiorno, quando la luce del sole splende, ma la settimana successiva, ancora a mezzogiorno, fuori c'è un cielo molto coperto, non vi stupirete se il risultato della seconda settimana non sarà così buono come quello della prima.

Acuità visiva

Data	Ora	Entrambi gli occhi	Occhio sinistro	Occhio destro	Condizioni della luce
		/	/	/	
		/	/	/	
		/	/	/	
		/	/	/	
		/	/	/	
		/	/	/	
		/	/	/	
		/	/	/	
		/	/	/	
		/	/	/	
		/	/	/	
		/	/	/	
		/	/	/	

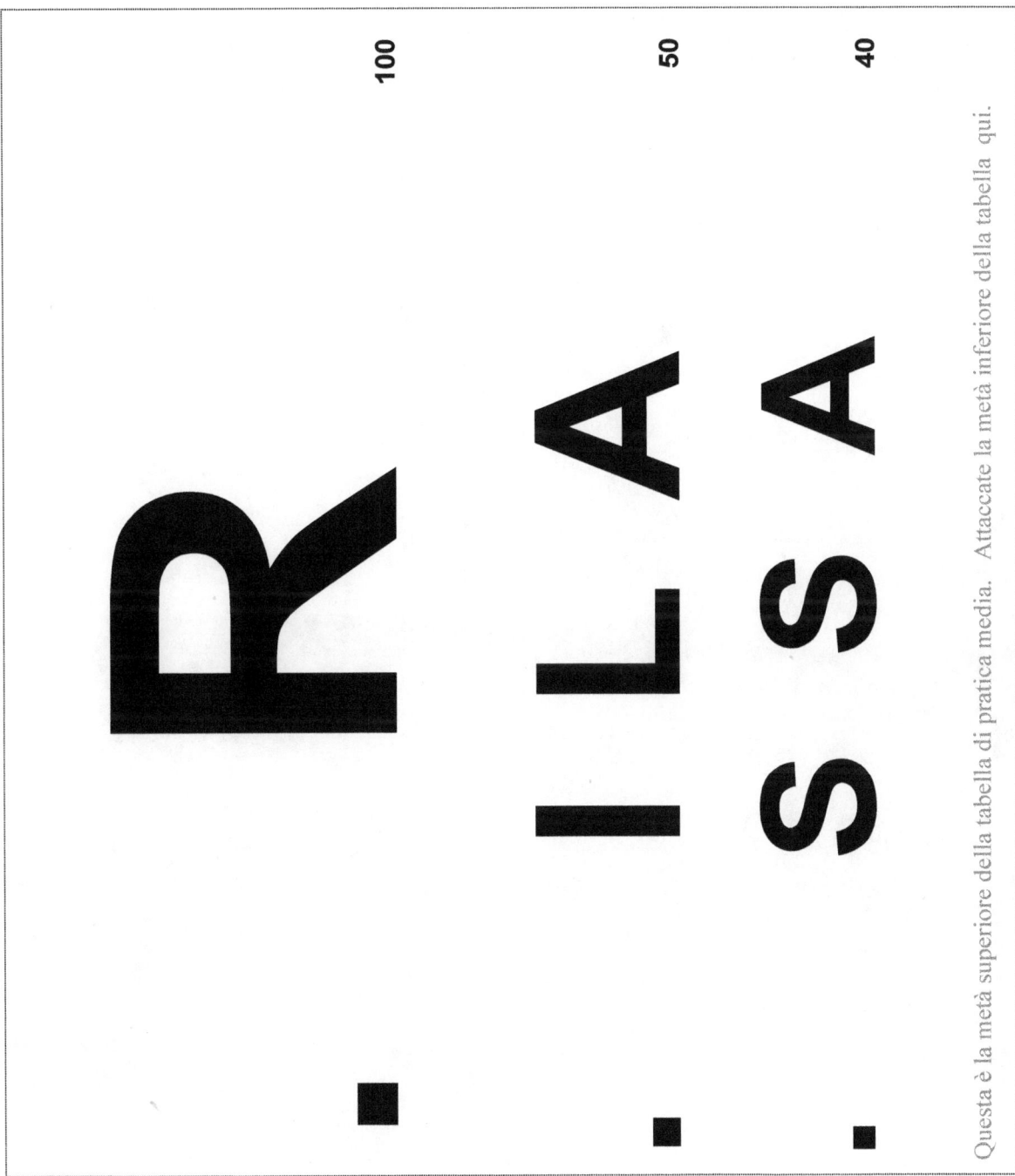

145
Leggere senza occhiali a qualsiasi età

Leggere senza occhiali a qualsiasi età
di Esther Joy van der Werf
www.readwithoutglasses.com

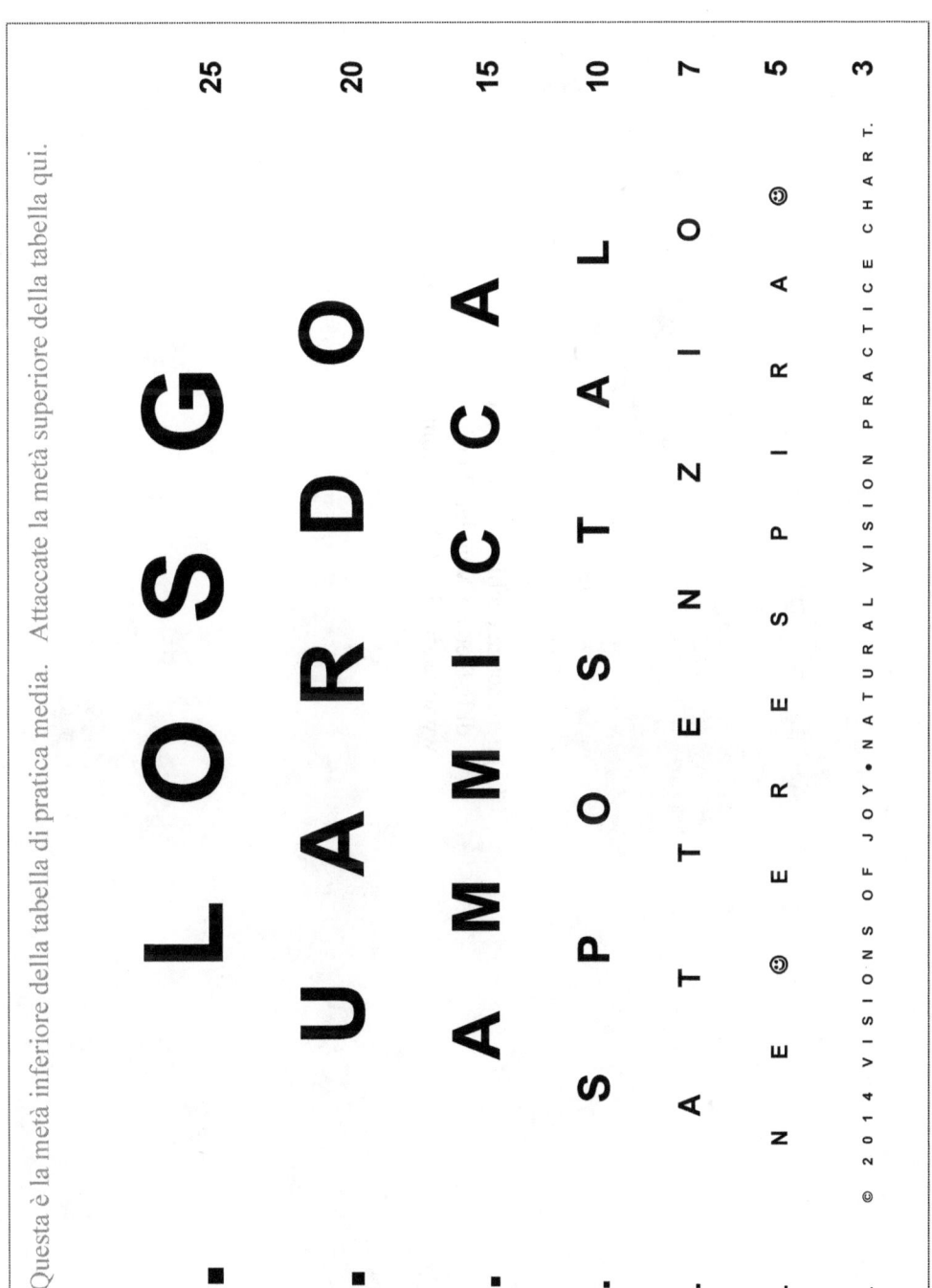

147
Leggere senza occhiali a qualsiasi età

Leggere senza occhiali a qualsiasi età
di Esther Joy van der Werf
www.readwithoutglasses.com

Due tabelle di pratica per la visione da vicino

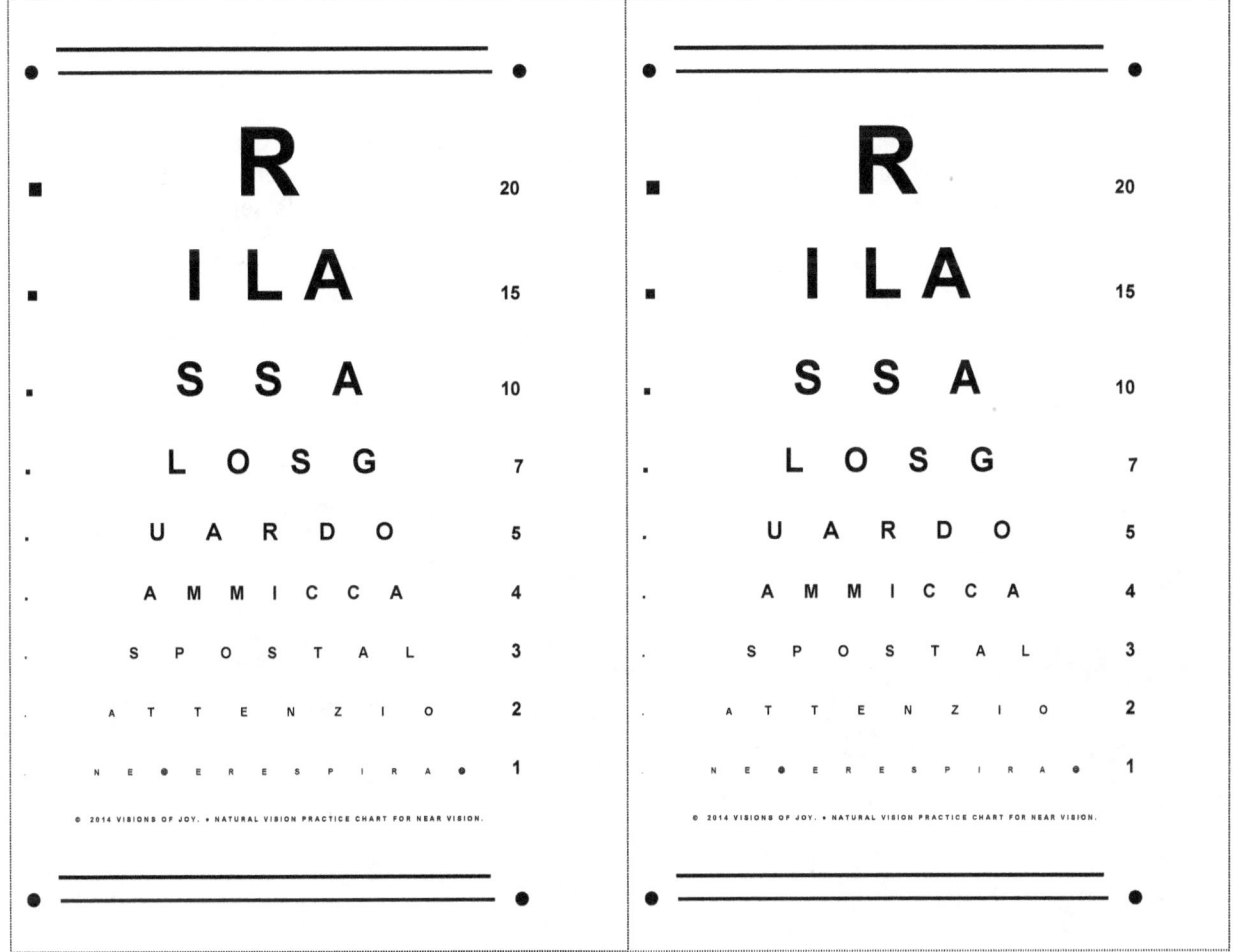

Leggere senza occhiali a qualsiasi età
di Esther Joy van der Werf
www.readwithoutglasses.com

Leggere senza occhiali a qualsiasi età
di Esther Joy van der Werf
www.readwithoutglasses.com

I Fondamentali
di W.H. Bates, M.D.

1. Occhiali eliminati per sempre.

2. Fissazione centrale significa vedere al meglio dove state guardando.

3. Condizioni favorevoli: la luce può essere intensa o fioca. Anche la distanza del testo dagli occhi, dove è visto al meglio, varia da persona a persona.

4. Spostamento: gli occhi con vista normale sono sempre in movimento.

5. Oscillazione: quando gli occhi si muovono lentamente o rapidamente da lato a lato, gli oggetti stazionari sembra che si muovano nella direzione opposta (movimento apparente).

6. Oscillazione ampia: in piedi con i piedi distanti fra di loro trenta centimetri, ruotate il corpo a destra – sollevando al contempo il tallone del piede sinistro. Non muovete la testa o gli occhi né prestate attenzione al movimento apparente degli oggetti stazionari. Poi poggiate il tallone sinistro a terra, ruotate il corpo a sinistra, sollevando il tallone del piede destro. Continuate alternando così.

7. Oscillazione muovendosi con calma e armonia: quando si pratica questa oscillazione, non si pone alcuna attenzione alla nitidezza degli oggetti stazionari, che appaiono in movimento. Gli occhi vagano da un punto all'altro lentamente, con facilità, o pigramente, così da evitate fissare e fare sforzi.

8. Oscillazione variabile: Tenete l'indice della mano a quindici centimetri dall'occhio destro e circa alla stessa distanza verso destra, guardate dritto davanti a voi e muovete la testa per un breve tratto da lato a lato. L'indice sembra muoversi.

9. Movimento degli oggetti stazionari: muovendo la testa e gli occhi per un breve tratto da lato a lato, assicurandovi di sbattere dolcemente le palpebre, si possono immaginare gli oggetti stazionari in movimento.

10. Memoria: migliorando la memoria delle lettere e di altri oggetti migliora la visione di tutto.

11. Immaginazione: noi vediamo solo quello che pensiamo di vedere, o quello che immaginiamo. Possiamo immaginare solo quello che ricordiamo.

12. Riposo: tutti i casi di vista imperfetta migliorano chiudendo gli occhi e facendoli riposare.

13. *Palming*: si possono coprire gli occhi a palpebre chiuse con il palmo di una mano o con i palmi di entrambe le mani.

14. Sbattere le palpebre: l'occhio normale ammicca spesso e volentieri.

15. Immagini mentali: finché si è svegli, si hanno ricordi di ogni genere di immagini mentali. Se si ricordano queste immagini con facilità e perfettamente, la visione ne trae beneficio.

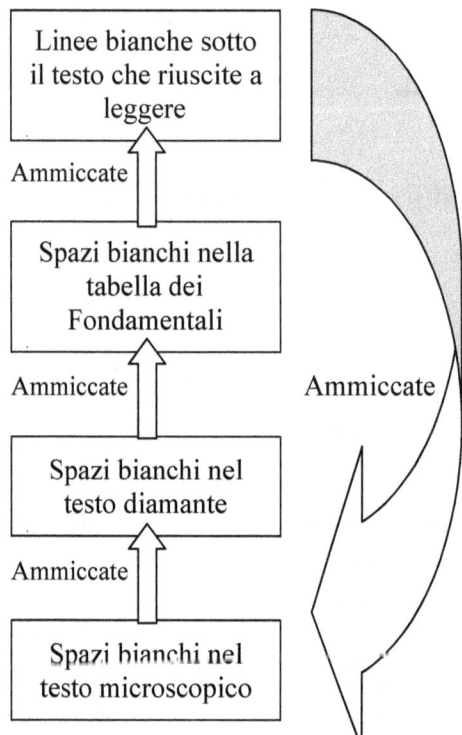

Ripetete così finché riuscite a leggere
tutte le righe della tabella dei Fondamentali
e del testo a carattere diamante.

Leggere senza occhiali a qualsiasi età
di Esther Joy van der Werf
www.readwithoutglasses.com

Tabelle di pratica con stampa diamante e microscopica

Tenete questa tabella al di sotto della tabella dei Fondamentali di p. 151.
Per le istruzioni, rivedete Passo 10, pp. 106-107.

Sette Verità sulla Vista Normale

1—La Vista Normale: può essere sempre dimostrata nell'occhio normale, ma solo in condizioni favorevoli.

2—Fissazione Centrale: la lettera o parte della lettera guardata è sempre vista al meglio.

3—Spostamento: il punto guardato cambia rapidamente e continuamente.

4—Oscillazione: quando lo spostamento è lento, sembra che le lettere si muovano da lato a lato o in altre direzioni con un movimento simile a quello di un pendolo.

5—La Memoria è perfetta: il colore e lo sfondo delle lettere, o di altri oggetti visti sono ricordati perfettamente, in modo istantaneo e continuo.

6—Immaginare fa bene: si può persino vedere la parte bianca delle lettere più bianca di quello che in realtà è, mentre il nero non è modificato dalla distanza, dall'illuminazione, dalla dimensione o dalla forma delle lettere.

7—Il riposo o il rilassamento dell'occhio e della mente è perfetto e si può sempre dimostrare.

Quando una di queste verità fondamentali è perfetta, tutte sono perfette.

Tabella da ritagliare e tenere in portafoglio

Sette Verità sulla Vista Normale

1—La Vista Normale: può essere sempre dimostrata nell'occhio normale, ma solo in condizioni favorevoli.
2—Fissazione Centrale: la lettera o parte della lettera guardata è sempre vista al meglio.
3—Spostamento: il punto guardato cambia rapidamente e continuamente.
4—Oscillazione: quando lo spostamento è lento, sembra che le lettere si muovano da lato a lato o in altre direzioni con un movimento simile a quello di un pendolo.
5—La Memoria è perfetta: il colore e lo sfondo delle lettere, o di altri oggetti visti sono ricordati perfettamente, in modo istantaneo e continuo.
6—Immaginare fa bene: si può persino vedere la parte bianca delle lettere più bianca di quello che in realtà è, mentre il nero non è modificato dalla distanza, dall'illuminazione, dalla dimensione o dalla forma delle lettere.
7—Il riposo o il rilassamento dell'occhio e della mente è perfetto e si può sempre dimostrare.

Quando una di queste verità fondamentali è perfetta, tutte sono perfette.
Leggere senza occhiali a qualsiasi età.   www.visionsofjoy.org   Natural Eyesight Improvement

Leggere senza occhiali a qualsiasi età
di Esther Joy van der Werf
www.readwithoutglasses.com

Testo Microscopico

Tabelle di pratica in carattere diamante

Leggere senza occhiali a qualsiasi età ~ Tabella di pratica in carattere diamante

Passo 1. Diventate consapevoli dello 'sforzo oculare' e degli altri fattori che contribuiscono alla visione offuscata, così da poter cominciare a dare una svolta agli eventi. Smettete di usare gli occhiali da lettura o usate temporaneamente occhiali sotto-graduati o occhiali stenopeici. Accettate la visione offuscata, non sforzatevi mai per vedere.

Passo 2. Fate riposare gli occhi utilizzando *palming*, sunning e massaggio. Chiudeteli ogni volta che li sentite stanchi e manteneteli chiusi finché non li sentite riposati. Ammiccate regolarmente e con leggerezza. Una buona postura aiuta ad allentare la tensione muscolare oculare. Immaginate la nitidezza al punto prossimo. Lasciatevi ispirare dalle immagini del successo: una vista eccellente!

Passo 3. Quando gli occhi sono riposati, cominciate a leggere alle condizioni per voi migliori e più favorevoli in termini di luce, dimensione di carattere e distanza. Scegliete testi che vi piacciono e cercate di adottare un'alimentazione corretta.

Passo 4. Esercitatevi a vedere senza sforzo da vicino usando il palmo della mano o oggetti divertenti e pieni di colore. Godetevi gli incontri ravvicinati! Fate buon uso di memoria e immaginazione.

Passo 5. Muovete il capo o la pagina e rilassate il collo e i muscoli degli occhi con il movimento. Oscillate da lato a lato, come pure indietro e avanti, dentro e fuori la zona di offuscamento, per stimolare gli occhi a mettere a fuoco. Restate aperti alla percezione del movimento apparente tutto il giorno.

Passo 6. Migliorate la vostra nitidezza centrale. Pratica: vedere al meglio una lettera alla volta, poi una parte di una lettera meglio del resto della lettera stessa. Progredite gradualmente dai caratteri grandi a quelli piccoli e da lontano a vicino. Evitate la trappola della visione tunnel con una consapevolezza rilassata del vostro intero campo visivo.

Passo 7. Lasciate che gli occhi siano i cercatori di luce che sono, immaginate che il bianco dentro e fuori le lettere sia di un bianco più splendente e noterete gli aloni che fanno risaltare maggiormente le lettere nere. Anche qui, progredite dalle lettere grandi a quelle piccole, e usate memoria e immaginazione.

Passo 8. Seguite la sottile splendente linea bianca al di sotto delle righe del testo. Essa guidi senza sforzo l'attenzione lungo la parte inferiore dei caratteri. Ora leggere non richiede alcuno sforzo. Usate il testo alle distanze ottimali per un miglioramento molto veloce.

Passo 9. Bisogna amare i caratteri minuscoli! La stampa a caratteri minuscoli stimola l'uso corretto e naturale dell'occhio, purché non facciate alcuno sforzo per leggerla. Cominciate alla distanza ottimale e leggete alla velocità normale per quanto possibile. Gradualmente diminuite la distanza di lettura.

Passo 10. Leggete le avvertenze a lume di candela o almeno fate pratica rilassandogli occhi con i caratteri diamante alla distanza di dieci centimetri. Fate un uso intelligente della stampa microscopica e della luce fioca. Lasciate che l'immaginazione renda chiari i caratteri stampati, anche se sembra impossibile leggerli. Ah, dimenticavo, gettate via quegli occhiali…

www.VisionsOfJoy.org

Leggete senza occhiali a qualsiasi età ~ Tabella di pratica in carattere diamante

ALONI
di William H. Bates, M.D.

"Gli occhi, quando leggono perfettamente,
non guardano direttamente le lettere,
ma gli spazi bianchi o aloni."

Quando le persone con vista normale guardano le lettere grandi sulla tabella di controllo Snellen, a qualsiasi distanza, da sei metri fino a quindici centimetri o meno, vedono, ai bordi interni ed esterni e nelle aperture delle lettere rotonde, un bianco più intenso di quello al margine della tabella. Allo stesso modo, quando leggono caratteri piccoli, gli spazi fra le righe e le lettere e le aperture delle lettere appaiono più bianchi del margine della pagina, mentre si possono vedere strisce di un bianco addirittura più intenso lungo i bordi delle righe di lettere.

Si può dimostrare che si tratta di un'illusione. Noi non vediamo illusioni, le immaginiamo solamente. Quando gli spazi bianchi fra le righe appaiono più bianchi del margine della pagina, chiamiamo questi spazi bianchi "aloni". Questi "aloni" qualche volta sono visti così vividamente che per convincere le persone che sono invisibili è spesso necessario coprire le lettere, ed essi così scompaiono immediatamente.

La maggior parte di noi crede di vederli, ed è molto difficile per molte persone capire che non sono visti, ma solo immaginati. Gli aloni potrebbero essere definiti come il legame di connessione fra l'immaginazione e la vista. Vedere gli aloni vuol dire migliorare l'immaginazione, di conseguenza anche la visione delle lettere risulta migliorata.

Anche le persone con vista imperfetta possono vedere gli aloni, sebbene meno perfettamente, e quando capiscono che sono immaginati, spesso diventano capaci di immaginarli dove non sono mai stati visti prima, o di aumentarne la vividezza, nel qual caso la vista migliora sempre.

Questo si può fare immaginandoli dapprima ad occhi chiusi, e poi guardando la tabella, o i caratteri piccoli, e immaginandoli lì. Alternando queste due azioni di immaginazione la vista spesso migliora rapidamente.

Si può quindi migliorare la vista per leggere non guardando alle lettere, ma migliorando l'immaginazione degli aloni. Guardare le lettere porta molto presto ad una tensione e il risultato è una vista imperfetta.

Guardare gli spazi bianchi e migliorare il loro candore fa bene all'immaginazione e alla vista. Non si possono leggere caratteri piccoli a meno che non si immaginino gli aloni.

La miglior cosa è cominciare la pratica al punto dove gli aloni sono visti, o possono essere immaginati meglio. Le persone miopi sono di solito capaci di vederli da vicino, talvolta in modo molto vivido. Anche le persone ipermetropi possono vederli benissimo a questa distanza, sebbene per loro la visione della forma possa essere al meglio da lontano. Attraverso la pratica si diventa capaci di immaginare o di vedere gli aloni più perfettamente — migliore immaginazione, migliore vista.

www.VisionsOfJoy.org

Leggere senza occhiali a qualsiasi età
di Esther Joy van der Werf
www.readwithoutglasses.com

Leggere senza occhiali a qualsiasi età
di Esther Joy van der Werf
www.readwithoutglasses.com

Vista Migliore ~ Secondo Natura

di Esther Joy van der Werf ~ www.visionsofjoy.org

1. Usate occhiali sotto-graduati e solo quando è assolutamente necessario.

2. **Sbattete le palpebre** frequentemente e senza sforzo. L'ammiccamento deterge, lubrifica e riposa gli occhi, dando al tempo stesso la possibilità di rimettere a fuoco.

3. **Fissazione Centrale** è vedere al meglio dove state guardando, e permettere agli occhi di **spostarsi** continuamente al successivo punto di attenzione. Restate consapevoli della visione periferica, che non è vista così nitidamente come la piccola "sfera di cristallo" della visione centrale.

4. Chiudete gli occhi ogni volta che sono stanchi. Quando eseguite il *palming*, sentite come ogni tensione muscolare scompare facilmente dalle palpebre, dagli occhi, dal viso e dal collo; poi immaginate di vedere già chiaramente a qualunque distanza, senza sforzo.

5. La **luce del sole** sulle palpebre chiuse aiuterà ad aumentare la tolleranza alla luce e riduce la dipendenza dagli occhiali da sole. Fare regolarmente il sunning fa benissimo alla vista e alla salute. Passate del tempo all'aria aperta ogni giorno.

6. Lasciate che la testa segua i vostri occhi. Una **postura** eretta e equilibrata aiuterà questo movimento e aiuterà ad allentare la tensione dei muscoli del collo.

7. **Pensate positivo**. Cercate soluzioni e focalizzatevi sugli aspetti positivi della vita. Una mente felice crea occhi felici.

8. Praticate la **lettura** di caratteri minuscoli, adottando tutte le buone abitudini visive. Seguite la sottile linea bianca brillante appena al di sotto delle lettere. Questo riduce la tensione e rilassa gli occhi. Variate la distanza di lettura e guardate al di sopra di quello che leggete ad intervalli regolari, per mettere a fuoco lontano per brevi momenti.

9. Migliorate il naturale **respiro** addominale imparando ad allungare gentilmente l'espirazione. Il **rilassamento** è la chiave per il respiro e per la visione.

10. Dimenticatevi dei vostri occhi; **accogliete** le immagini con tranquillità lasciando che sia il vostro cervello ad eseguire il "vedere". Potete ora lasciare andare le vecchie abitudini di fissare, strizzare gli occhi o cercare di vedere.

11. Vedete il **movimento apparente**. Grazie al naturale movimento di spostamento degli occhi, sembra che gli oggetti stazionari si muovano. Immaginate di vedere questo gentile movimento di oscillazione tutto il giorno.

12. Migliorare la **memoria** delle lettere o di altri oggetti migliora la visione di ogni cosa. Lasciate che la vostra **immaginazione** fornisca ancora più dettagli e nitidezza.

13. **Massaggiatevi** gentilmente attorno agli occhi per stimolare i punti di agopuntura. Questo migliora anche la circolazione.

14. I cibi migliori per i vostri occhi sono le verdure a foglia verde. Gustatevi un'insalata o dei frullati di frutta e verdura ogni giorno.

P
EN
SAP
OSIT
IVOGUA
RDAILLAT
OGIOIOSO
DELLAVITA
TROVASOLUZIONI
AMMICCAREGOLARMENTEERESPIRA
MUOVIGLIOCCHI☺GODIOGNIGIORNODELLALUCEDELSOLE
FAPALMINGQUANDOSEISTANCO~ASSUMIUNAPOSTURADARE
RIMANI CONSAPEVOLE DEL CAMPO VISIVO PERIFERICO MENTRE GLI OCCHI SEGUONO LA TUA ATTENZIONE

© 2014 Visions of Joy ~Natural Vision Improvement.

Tabelle di pratica

Glossario

Accomodazione: aggiustamento automatico degli occhi per vedere a differenti distanze, che si pensa sia dovuto ai cambiamenti della convessità del cristallino (dal vocabolario della lingua italiana Zingarelli).

Astigmatismo: un'irregolarità della forma dell'occhio, del cristallino o della cornea, che impedisce ai raggi luminosi provenienti da un punto esterno di incontrarsi sulla retina in un punto di messa a fuoco, con il risultato di un'immagine offuscata e imperfetta.

Cornea: lo strato esterno trasparente nella parte anteriore del bulbo oculare; l'area che copre l'iride e la pupilla.

Corpo vitreo: fluido trasparente di consistenza simile a gel che riempie il bulbo oculare dietro il cristallino.

Diottria: unità di misura del potere refrattivo di una lente; si riferisce alla capacità della lente di deviare i raggi di luce.

Fissazione Centrale: "Per 'fissazione centrale' si intende una condizione degli occhi e del cervello passiva, ricettiva, o rilassata. Quando la mente è sufficientemente a riposo l'occhio vede al meglio il punto stabilito: in altre parole, l'occhio vede al meglio dove sta guardando" (Bates 1917).

Fissazione centrale è un termine medico ufficiale con cui gli oculisti hanno familiarità. Nel *Dictionary of Visual Science* (II ed. riveduta e ampliata, 1968), le definizioni sono come riportate di seguito:
- **Fissazione**: processo, condizione, o atto di dirigere gli occhi verso un oggetto d'attenzione, che fa sì, in un occhio normale, che l'immagine dell'oggetto sia centrata sulla fovea.
- **Fissazione centrale**: fissazione in cui l'immagine dell'oggetto di fissazione cade sul centro della fovea.
- **Fissazione eccentrica**: fissazione che non si avvale dell'area centrale della fovea.

Ipermetropia: condizione nella quale le immagini visive sono messe a fuoco dietro la retina dell'occhio e si vedono meglio gli oggetti distanti di quelli vicini.

Lente negativa o concava: una lente che è molata più sottilmente al suo centro per migliorare la messa a fuoco delle persone con miopia.

Lente positiva o convessa: una lente che è molata più sottilmente ai suoi bordi per migliorare la messa a fuoco delle persone con ipermetropia o presbiopia.

Miopia: condizione nella quale le immagini visive sono messe a fuoco davanti alla retina dell'occhio e si vedono meglio gli oggetti vicini invece di quelli lontani.

Muscolo ciliare: un muscolo circolare situato nel corpo ciliare e connesso al cristallino grazie alle zonule. Quando questo muscolo si contrae, rilassa le zonule così da permettere al cristallino di diventare più bombato, favorendo la visione da vicino.

Muscolo extraoculare: uno qualunque dei sei muscoli inseriti all'esterno dell'occhio che controllano il movimento dell'occhio stesso all'interno della cavità orbitaria.

Presbiopia: un difetto refrattivo frequente soprattutto in persone di mezza età che si manifesta con un'accomodazione imperfetta e un'incapacità di mettere a fuoco nitidamente da vicino.

Prescrizione: una formula scritta per la smerigliatura di lenti compensative per occhiali e lenti a contatto.

Retina: la membrana sensoriale che fodera la parte posteriore dell'occhio. È composta da diversi strati di cui uno contenente i coni e i bastoncelli (le nostre cellule fotorecettrici), che sono stimolati dalla luce che entra attraverso il cristallino e che convertono tale stimolo in segnali chimici e nervosi, i quali a loro volta raggiungono il cervello attraverso il nervo ottico.

Zonule (di Zinn): i legamenti sospensori del cristallino che mantengono la lente nella sua posizione corretta all'interno del corpo ciliare. Questi legamenti inoltre impediscono alla lente di traballare mentre camminate, e sono coinvolti nel meccanismo dell'accomodazione.

Bibliografia

Alonso, J., Alda, J. 2003. *Ophthalmic optics*. Marcel Dekker.

Anshel, J. 1999. *Smart Medicine for your Eyes: A Guide to Safe and Effective Relief of Common Eye Disorders*. Avery Publishing Group, Garden City Park, NY (p.188).

Atchison, D.A. 1992. Spectacle lens design: a revive. *Applied optics*, 31(19): 3579-3585.

Atchinson, D.A. 1995. Accommodation and Presbyopia. *Ophthal. Physiol. Opt.* 15(4): 255-272.

Bates, E. 1926. *Better Eyesight*, Central Fixation Publishing Company, New York, May.

Bates, E. 1929. *Op. cit.*, June.

Bates, W.H. 1915. Central Fixation. *NY Med. Journal,* May 8.

Bates W.H. 1917. Central Fixation definition. *NY Med. Journal,* February 3.

Bates W.H. 1920a. *Perfect Sight Without Glasses*. Central Fixation Publishing Company, New York City: Chapter 20.

Bates W.H. 1920aa. Op.cit.: p.189.

Bates, W.H. 1920b. *Better Eyesight*, Central Fixation Publishing Company, New York City, February.

Bates, W.H. 1920c. *Op.cit.*, May.

Bates, W.H. 1921a. *Op.cit.*, April.

Bates, W.H. 1921b. *Op.cit.* , June.

Bates, W.H. 1921c. *Op.cit.*, December.

Bates, W.H. 1922a. *Op.cit.*, February.

Bates, W.H. 1922b. *Op.cit.*, May.

Bates, W.H. 1922c. *Op.cit.*, June.

Bates, W.H. 1924. *Op.cit.*, September.

Bates, W.H. 1925a. *Op.cit.*, January.

Bates, W.H. 1925b. *Op.cit.*, March.

Bates, W.H. 1925c. *Op.cit.*, June.

Bates, W.H. 1926a. *Op.cit.*, March.

Bates, W.H. 1926b. *Op.cit.*, May.

Bates, W.H. 1926c. *Op.cit.*, October.

Bates, W.H. 1927. *Op.cit.*, April.

Bates, W.H. 1928. *Op.cit.*, August.

Bates, W.H. 1929a. *Op.cit.*, May.

Bates, W.H. 1929b. *Op.cit.*, July.

Bates, W.H. 1930. *Op.cit.*, January.

Burke, A.G. et al. 2006. Population-Based Study of Presbyopia in Rural Tanzania. *Ophthalmology 2006.* 113:723-727.

Buschmann, W., Linnert, D., Hofman, W. and Gross, A. 1978. Die Reissfestigkeit der menschlichen Zonula and ihre Abhängigkeit vom Lebensalter. *Graefes Arch. Klin. Exp. Ophthalmol.* 206: 183-190.

Charman, W. Neil. 2008. The Eye in Focus: Accommodation and Presbyopia. *Clinical and Experimental Optometry*. 91(3): 207-225.

Darling, E.F. 1925. An Oculist's Experience. *Better Eyesight*, Central Fixation Publishing Company, New York, December.

Donders, F.C. 1864. *On the Anomalies of Accommodation and Refraction of the Eye.* London: New Sydenham Soc. (Come citato in Pierscionek, 1993).

Duane, A. 1925. Are the Current Theories of Accommodation Correct? *Am J Ophthalmol.* 8: 196-202. (Come citato in Pierscionek, 1993).

Eskridge, J.B. 1984. Review of Ciliary Muscle Effort in Presbyopia. *American Journal of Optometry & Physiological Optics.* 61, (2): 133-138.

Farnsworth, P.N. and Shyne, S.E. 1979. Anterior Zonular Shifts with Age. *Exp. Eye Res.* 28: 291-297. (Come citato in Atchinson, 1995).

Forrest, E.B. 1980. Astigmatism as a Function of Visual Scan, Head Scan, and Head Posture. *American Journal of Optometry & Physiological Optics.* 57 (11): 844-860.

Kaplan, R.M. 1995. *The Power Behind Your Eyes: Improving Your Eyesight with Integrated Vision Therapy.* Healing Arts Press, Rochester, Vermont (Table 2, p.153).

Kasthurirangan, S., Glasser, A. 2006. Age Related Changes in Accommodative Dynamics in Humans. *Vision Research* 46: 1507-1519.

Lierman, E. 1921. Stories from the Clinic – Three Cases of Presbyopia. *Better Eyesight*, Central Fixation Publishing Company, New York, April.

Lierman, E. 1927. Stories from the Clinic – Presbyopia. *Op. cit.*, April.

Marg, E. 1951. An Investigation of Voluntary as Distinguished from Reflex Accommodation. A Paper Read Before the San Francisco Bay Chapter, *American Academy of Optometry, Berkeley, California* (May 24).

Miranda, M.N. 1979. The geographic Factor in the Onset of Presbyopia. *Tr. Am. Ophth. Soc.* Vol. LXXVII.

Ott, J. 1958. *My Ivory Cellar*. Twentieth Century Press.

Ott, J. 1973. *Health and Light*. Pocket Books, New York.

Ott, J. 1982. *Light, Radiation and You*. Devin-Adair Company.

Pierscionek, B.K. 1993 What We Know and Understand about Presbyopia. *Clinical & Experimental Optometry* 76(3) May/June.

Sardi, B. 1994. *Nutrition and the Eyes: How to Keep your Eyes Healthy Naturally.* Vol.I, Health Spectrum Publishers (p.65).

Stieve, R. 1945. Über den Bau des menschlichen Ciliarmuskels, seine Veränderungen Während des Lebens und seine Bedeutung für die Akkommodation. *Anatomischer Anzeiger* 97, 69-79.

Strenk, S.A. et al. 1999. Age-Related Changes in Human Ciliary Muscle and Lens: A Magnetic Resonance Imaging Study. *Investigative Ophthalmology & Visual Science*, (May), 40(6).

Vedamurthy, I. et al. 2009. The Influence of First Near-Spectacle Reading Correction on Accommodation and Its Interaction with Convergence. *Invest. Ophthalmol. Vis. Sci.* 50(9): 4215-4222.

Weale, R.A. 1982. *A Biography of the Eye*. H.K. Lewis, London, UK.

Weale, R. 1989. Presbyopia Toward the End of the 20th Century. *Survey of Ophthalmology*. 34 (1).

Weale, R. 2003. Epidemiology of Refractive Errors and Presbyopia. *Survey of Ophthalmology*. 28(5): 515-543.

Indice analitico

A

abitudine 43, 57, 65, 119
accomodazione 3, 159
acuità 139, 142, 144
affaticamento 91, 134
aloni 84, 85, 86, 94
ammiccamento 19
ampiezza accomodativa 8
astigmatismo 43, 91, 95, 159
attitudine 74

B

bambini 90, 99
Bates, dottor William H. .... i, v, 12, 22
Bibbia in miniatura 110
bilanciate i vostri occhi 61

C

caratteri stampati
    diamante 106, 108, 110, 112, 138
    grandi .... xv, 99
    microscopici 110, 112, 139
    piccoli / minuscoli 18, 91, 93, 94, 100, 106, 108, 110, 129, 131, 134
    piccoli/minuscoli 99
computer 78
condizionifavorevoli 49
cornea 159
corpo vitreo 5, 160
cristallino 5
cristallino, indurimento 124, 131

D

diffusione 18
diottria .... v, 24, 159
distanza
    lettura 57, 108
    ottimale 76
    vicino e lontano vi

E

E-reader 78
esercizi .... v, 15
età .... v, 99, 122, 123, 134

F

fissare 18, 65, 66, 100
fissazione centrale 73, 77, 78, 100, 105, 134, 159
fissazione eccentrica 73
flash 109
Forrest, dottor Elliott 43
fovea centrale 73

G

Gottlieb, dottor Ray .... i, viii, 136

I

I Fondamentali, biglietto 110, 132, 151
immaginazione 15, 50, 71, 83, 85, 86, 93, 95, 108, 109, 131
ipermetropia 91, 99, 160
ispirazione 47

L

lenti
    a contatto vi
    artificiali vi
    negative 19, 160
    positive 19, 160
lettura
    a letto 105
    carattere diamante 134
    lenta 119
    veloce 96
Lierman, Emily .... i, 112
linea bianca 91

luce
- artificiale 37, 123, 144
- bassa luminosità 105
- del sole 37, 49

luce, terapia vii

M

macula 73
mal di testa 132
memoria 82, 85, 108, 115, 132
- e pratica della immaginazione 60

messa a fuoco .... v, 51, 78, 100, 115, 124
- a dieci centimetri 12
- cercare in tutti i modi di mettere a fuoco 17
- fisica 50
- mentale 50, 118
- occhi sono lenti nella 2

Metodo Bates .... xii, 133, 135
miopia .... v, 86, 91, 99, 136, 160
monovisione vi
movimento 71, 73
- continuo 65, 67, 92
- occhi 65, 92, 100
- pagina 65, 92
- testa 66, 92

muscoli
- ciliare 5, 160
- extraoculari 160
- oculari 57, 68

N

nitidezza centrale 73, 75, 76, 100
nutrizione 54

O

occhi
- chiusi 40
- stanchi 19, 118

occhiali .... v, xii
- bifocali/multifocali/progressivi .... vi, 25, 43
- gradazione più bassa 49
- lettura .... vi, 12, 19, 44
- uso per la prima volta di lenti da lettura 13

optometrista comportamentale 24
Ott, dottor John 37

P

palming 32, 36, 40, 73, 130
palm-reading 58, 68
palpebre oculari 32
postura 43, 66, 74
presbiopia .... v, vi, vii, 7, 9, 73, 91, 93, 105, 122, 123, 127, 128, 136, 160
- prevalenza 10

presbite 42, 86
prescrizione 160
processo di messa a fuoco 10
puntatore 90
pupilla 5, 40

R

respiro 74
retina 73, 160
rilassamento 49, 84, 92, 100, 125
riposo 28, 50, 68, 73, 74, 91

S

saccadici, movimenti 119
salute .... vii, 15, 66
schermo
- inchiostro elettronico 78

senza sforzo 65, 75, 110, 115
sforzo 17, 36, 65, 85, 96
- non fate 68, 91

shifting, spostamento 2, 66, 70, 100
spazi bianchi 83, 85, 91, 95, 109, 110, 112, 131
spettro completo
- lampade 49

strizzare 17
sunning 40
sway dondolare (del corpo) 133
swing oscillazione di ciò che è percepito
- da vicino verso lontano 68, 69
- lettera 70
- universale 71

Swing Windows 71
swinging 70

T

tabella di pratica 142
    grande 74
    media 74, 82, 84
    piccola 77, 84
televisione 78
tensione 31, 65, 68, 73, 85, 86, 91, 99, 107
    collo 66
    due livelli di 35
    mentale 19
tensione occhi 50, 132
test 85

V

visione
    campo visivo 73
    da vicino 57
    distanza 19
    offuscata, sfocata 50, 65
    periferica 73, 75, 77, 100, 110
    tunnel 77

Z

zonule 5, 160

Biografia dell'Autrice

Cresciuta nei Paesi Bassi, Esther van der Werf aveva una vista eccellente fino a vent'anni, quando la sua visione cambiò per diventare lievemente miopica. Una visita dall'optometrista portò alla prescrizione di un paio di occhiali. A Esther non piacquero particolarmente, la facevano sentire separata dal mondo, un'osservatrice piuttosto che un'attrice. Gli occhiali erano più un ostacolo che un aiuto, così li "perse" astutamente, con grande disappunto dei suoi genitori.

Nei successivi sedici anni Esther si abituò alla sua visione in qualche modo offuscata. Una volta provò gli esercizi per gli occhi, che aveva letto su un libro, ma non notò alcun miglioramento, finché, a trent'anni, lesse *Relearning to See*, e imparò che la vista migliora con il rilassamento, non con esercizi oculari. Questo funzionò molto bene per lei, e in due settimane la sua acuità visiva migliorò da 20/50 a 20/20, insieme a un miglioramento della percezione dei colori. Cominciò a testare questo metodo su un amico miope la cui vista migliorò sensibilmente. Convinta così che valeva la pena studiare il Metodo Bates, si iscrisse nel 2000 al corso di formazione per insegnanti di Tom Quackenbush, a San Francisco, e sentì di aver finalmente trovato la sua missione: aiutare gli altri a recuperare la visione nitida come aveva fatto lei.
Per continuare la propria formazione, ha letto tutto il materiale di Bates, ha lavorato con Marc Grossman O.D., L.Ac., a New York, con Neal Apple M.D., in New Mexico, e ha partecipato a molti convegni sulla vista, nei quali ha approfondito le proprie conoscenze.

Verso i quarant'anni, una malattia e poi la perdita dell'amata nipote le hanno causato otto mesi di forte stress. Allora Esther ha visto precipitare in modo preoccupante la propria vista da vicino. Anche la lettura a una distanza pari alla lunghezza delle braccia divenne difficile e, per un po', concentrarsi fu una sfida. Si rese così conto che era tornato il momento di prendersi nuovamente cura della propria vista, e di scavare più a fondo in cerca di risposte. Una sessione di *palming* di sei ore l'aiutò a riguadagnare la maggior parte della visione da vicino. Questo libro è il risultato dei suoi studi che l'hanno liberata, fino ad oggi, dall'uso di occhiali da lettura.

Esther ha passione per l'insegnamento e ama far sapere alle persone che la vista può migliorare. Fa parte della North American Association of Vision Educators e tiene seminari, conferenze e lezioni, di gruppo o individuali, negli Stati Uniti, in Europa, e nel resto del mondo via Internet.

Esther attualmente risiede in Ojai, California, dove si gode la vita al sole. ☼
Website: www.visionsofjoy.org

www.ingramcontent.com/pod-product-compliance
Lightning Source LLC
Chambersburg PA
CBHW081130170426
43197CB00017B/2807